AF186747

Tucholsky Wagner Zola Scott Sydow Freud Schlegel
Turgenev Wallace Fonatne

Twain Walther von der Vogelweide Fouqué Friedrich II. von Preußen
Weber Freiligrath Frey
Kant Ernst
Fechner Fichte Weiße Rose von Fallersleben Richthofen Frommel
Hölderlin
Engels Fielding Eichendorff Tacitus Dumas
Fehrs Faber Flaubert
Eliasberg Ebner Eschenbach
Feuerbach Maximilian I. von Habsburg Fock Eliot Zweig
Ewald Vergil
Goethe Elisabeth von Österreich London
Mendelssohn Balzac Shakespeare Dostojewski Ganghofer
Trackl Lichtenberg Rathenau Doyle Gjellerup
Stevenson Hambruch
Mommsen Tolstoi Lenz Droste-Hülshoff
Thoma Hanrieder
Dach Verne von Arnim Hägele Hauff Humboldt
Reuter
Karrillon Garschin Rousseau Hagen Hauptmann Gautier
Defoe Baudelaire
Damaschke Descartes Hebbel
Hegel Kussmaul Herder
Wolfram von Eschenbach Dickens Schopenhauer
Darwin Grimm Jerome Rilke George
Bronner Melville Bebel
Campe Horváth Aristoteles Proust
Bismarck Vigny Barlach Voltaire Federer Herodot
Gengenbach Heine
Storm Casanova Tersteegen Gilm Grillparzer Georgy
Chamberlain Lessing Langbein Gryphius
Brentano Lafontaine
Strachwitz Claudius Schiller Kralik Iffland Sokrates
Katharina II. von Rußland Bellamy Schilling
Gerstäcker Raabe Gibbon Tschechow
Löns Hesse Hoffmann Gogol Wilde Gleim Vulpius
Luther Heym Hofmannsthal Klee Hölty Morgenstern
Roth Heyse Klopstock Kleist Goedicke
Luxemburg Puschkin Homer Mörike Musil
La Roche Horaz
Machiavelli Kierkegaard Kraft Kraus
Navarra Aurel Musset Moltke
Lamprecht Kind Kirchhoff Hugo
Nestroy Marie de France
Laotse Ipsen Liebknecht
Nietzsche Nansen Ringelnatz
Marx Lassalle Gorki Klett Leibniz
von Ossietzky May
vom Stein Lawrence Irving
Petalozzi Knigge
Platon Kafka
Sachs Poe Pückler Michelangelo Kock Korolenko
Liebermann
de Sade Praetorius Mistral Zetkin

Der Verlag tredition aus Hamburg veröffentlicht in der Reihe **TREDITION CLASSICS** Werke aus mehr als zwei Jahrtausenden. Diese waren zu einem Großteil vergriffen oder nur noch antiquarisch erhältlich.

Symbolfigur für **TREDITION CLASSICS** ist Johannes Gutenberg (1400 — 1468), der Erfinder des Buchdrucks mit Metalllettern und der Druckerpresse.

Mit der Buchreihe **TREDITION CLASSICS** verfolgt tredition das Ziel, tausende Klassiker der Weltliteratur verschiedener Sprachen wieder als gedruckte Bücher aufzulegen – und das weltweit!

Die Buchreihe dient zur Bewahrung der Literatur und Förderung der Kultur. Sie trägt so dazu bei, dass viele tausend Werke nicht in Vergessenheit geraten.

Die mohamedanisch-arabische Kulturperiode

August Bebel

Impressum

Autor: August Bebel
Umschlagkonzept: toepferschumann, Berlin

Verlag: tradition GmbH, Hamburg
ISBN: 978-3-8424-1440-2
Printed in Germany

Vorwort.

In einem Zeitpunkt, wo gewisse Leute eifrig wieder daran sind, die Menschheit, die sehr ernsthaft arbeitet, sich aus den Banden verrotteter Ueberlieferungen zu befreien, unter das alte Geistesjoch zu beugen und ihr die Nebelkappe über Ohren und Augen zu ziehen, dürfte es notwendig sein, gewisse Tatsachen immer wieder in das rechte Licht zu rücken. Man spricht heutzutage so viel von der Menschheit befreienden Mission des Christentums, welches das Heil gebracht habe und übersieht die ungeheure Kulturlücke, die das ganze Mittelalter hindurch, von der Zerstörung des römischen Reichs an bis zum Beginn der Renaissance im fünfzehnten Jahrhundert, uns entgegen gähnt. Man ignorirt, wie das Christentum das ganze Mittelalter hindurch mit der alten Kultur verfahren ist, und man ignorirt, woher die Völker des christlichen Abendlandes sich die Kulturmittel holten, mit Hilfe deren sie sich nach unsäglicher Anstrengung vom Alpdruck des Mittelalters befreiten.

Um dies nachzuweisen, dazu schien mir eine populäre Darstellung der mohammedanisch-arabischen Kulturperiode im Orient und in Spanien ein sehr geeignetes Mittel zu sein. Die Darstellung dieser Epoche zeigt ferner, daß keine Religion das Privilegium besizt, der in der Kultur fortschreitenden Menschheit auf die Dauer zu genügen, und für jede der Zeitpunkt kommt, wo sie mit den Kulturbedürfnissen der Menschheit in Widerspruch tritt, weil sie selbst ein vorübergehendes Produkt einer bestimmten Kulturperiode ist.

Für die vorliegende Abhandlung habe ich inbezug auf die Tatsachen hauptsächlich das Werk v. Cremers »Kulturgeschichte des Orients« benuzt, außerdem die bezüglichen Arbeiten von Weil, Draper, Buckle, Henne am Rhin, Yves-Guyot u. s. w.

Borsdorf-Leipzig, September 1883.
A. Bebel.

5

I. Vorgeschichte und Entstehung des Mohammedanismus als Hebel arabischer Macht.

Der Orient ist die Geburtsstätte der für die moderne Kultur vorzugsweise in Betracht kommenden Religionen. Judentum, Christentum, Mohammedanismus gingen nacheinander aus seinem Schooße hervor, und alle drei entstammen ein und derselben Völkerrace, der semitischen. Eine dieser Religionen baute sich auf der anderen auf und entfaltete nach den Karaktereigentümlichkeiten und dem Bildungsgrad der Völkerschaften, auf die sie vorzugsweise sich ausbreitete, ihr eigenes karakteristisches Wesen.

Wenn es noch eines Beweises bedürfte, daß alle Religionen Menschenwerk sind und aus menschlichen Bedürfnissen hervorgingen, so ist er in der Geschichte ihrer Entstehung und Entwicklung zu finden. Und doch will jede – siehe das schöne Gleichnis Lessings in »Nathan der Weise« von den drei Ringen – sich als die wahre und unfehlbare Religion angesehen wissen.

Aber wie eine Religion aus der anderen hervorging, sich sozusagen auf ihre Vorgängerinnen gepfropft hat, so war auch jede genötigt, in dem Moment ihres Entstehens und ihrer ersten Ausbreitung alle jene in den Zeitumständen und im Volkszustande liegenden Anschauungen, die das Geistesleben des bezüglichen Volkes beherrschten, in sich aufzunehmen, wenn sie anders Einfluß und Geltung erlangen wollte.

Verfolgt man den Ursprung der drei genannten Religionen weiter zurück, so findet die jüdische, als die älteste von den dreien, in der Religion der alten Aegypter, die Moses als einer der Eingeweihten speziell hatte kennen lernen, und diese wieder in der brahmanischen Religion der alten Inder ihre Quelle. Die eine Reihe der Entwicklung aus der altindischen, als der ältesten aller auf den Monotheismus begründeten Religionen, läuft in den Buddhismus und die Lehren des Zoroaster und des Confuzius (Kon-fut-se) aus, und diese Religionen bestehen noch heute im größten Teile Asiens und beherrschen nahezu die Hälfte des Menschengeschlechts; die andere Entwicklungsreihe bilden, nächst der untergegangenen altägyptischen Religion, das Judentum, das Christenthum und der

Mohammedanismus. Die beiden lezteren haben sich wieder in verschiedene Bekenntnisse und eine Menge mehr oder weniger untergeordneter Sekten gespalten und nehmen neben einem bedeutenden Teile Asiens und Nordafrikas vorzugsweise Europa in Beschlag, wohingegen in der neuen Welt sich das Christentum als allein maßgebende Religion verbreitete, und zwar in Folge ihrer Eroberung und Kolonisation durch christlich-europäische Kulturvölker.

Klima, Bodenbeschaffenheit und Nahrung wirken auf die physische Entwicklung und den Karakter eines Volkes und die daraus sich ergebenden ökonomischen und sozialen Gestaltungen beeinflussen seine intellektuelle Entwicklung. Die leztere wird in dem Maße wachsen, wie günstige äußere Umstände ihr zu Hilfe kommen. Dahin gehören: nicht allzuschwierige Beschaffung einer auskömmlichen Lebensweise, eine Natur, die in ihren Erscheinungen und Einwirkungen mehr die Entwicklung des Verstandes als der Phantasie begünstigt, und wo fremde oder alte Kultureinflüsse sich geltend machen, daß diese der Fassungskraft und dem Karakter des neuen Volks entsprechen und ihm ihre Aufnahme leicht machen. Hingegen fördert alles, was die Phantasie begünstigt, die Religion, und hemmt den intellektuellen Fortschritt. Dahin gehören insbesondere die unverstandenen Naturerscheinungen. Sie wirken auf das Gefühl, erregen die Phantasie und begünstigen die Mytenbildung. Je gewaltiger die Naturerscheinungen auftreten, je mehr sie den Menschen erschrecken und ihn schädigen, desto mehr wird er von Furcht erfüllt sein und alles versuchen, die wider ihn empörten Mächte, die er sich nicht anders als lebende, mit Willen begabte Wesen vorstellen kann, zu besänftigen und mit sich auszusöhnen.

Die religiösen Vorstellungen hängen also mit der Naturerkenntnis auf das innigste zusammen, sie werden umso abergläubischer und roher sein, je tiefer die Naturerkenntnis steht, und diese selbst hängt wieder ab von der Macht, welche die Natur und die ganze Umgebung des Menschen auf die Entwicklung seines Verstandes ausüben.

Soll also eine neue Religion auf Anhänger und Ausbreitung rechnen können, so ist ihr erstes Erfordernis, daß sie in ihren Lehren dem Kulturgrad der bezüglichen Völker entspricht. Steht sie unter demselben, wird sie ebensowenig auf allgemeine Verbreitung rechnen können, als wenn sie über demselben steht. Im ersteren Falle wird sie günstigsten Falles die *rückständigsten* Klassen des Volkes, im zweiten die *vorgeschrittensten* befriedigen, sie wird aber weder in dem einen noch in dem andern Falle eine einschneidende Wirksamkeit erlangen und endlich entweder gänzlich untergehen oder erst nach Jahrhunderten, auf höherer Entwicklungsstufe der Menge, für die sie berechnet war, Eingang und Ausbreitung finden.

So wird also keine Religion auf die Dauer bei einem geistig fortschreitenden Volke bestehen bleiben können, es sei denn, daß sie umgeformt wird, wodurch sie aber ihren eigentlichen Karakter verliert und mehr oder weniger aufhört, Verehrung und Befriedigung zu wecken. Das hat z. B. der Protestantismus sehr deutlich gezeigt.

Die Entwicklung der Religion läuft also schließlich in lezter Instanz auf die Abschaffung aller Religionen, den Ateismus hinaus, womit selbstverständlich nicht gesagt ist, daß ein solcher Zustand sich künstlich, etwa durch gesezgeberische Akte in einem Zeitalter, wo das religiöse Bedürfnis noch überwiegt, herbeigeführt werden könne. Ueber das unsinnige und verkehrte eines solchen Schrittes belehren uns am besten die bezüglichen Akte der französischen Revolution, die wesentlich mit die Rückkehr zur Monarchie herbeiführten.

Die lezte Entwicklungsstufe in Anbetracht der Religion, der Ateismus, ist bis heute von keinem Volke in seiner Gesammtheit erreicht worden; es ist aber unzweifelhaft, daß die vorgeschrittensten Kulturvölker sich dieser lezten Sprosse auf der religiösen Stufenleiter nähern, und für sie das Verschwinden des Kultus nur noch eine Frage der Zeit ist. Beweis für diese Auffassung ist, daß heute keine der Kirchen mehr vermag, die reißend zunehmende Zahl der Gleichgiltigen unter ihren Angehörigen in ihren Schooß zurückzuführen, und daß kein neues Religionssystem mehr Aussicht auf größeren Anhang hat, auch wenn es dem vorgeschrittensten religiösen Standpunkt entspricht.

Das Facit der bisherigen Erörterungen also ist, daß ein beliebiges Volk in einem beliebigen Zeitpunkt sich ebensowenig für einen gegebenen sozialen und politischen Zustand als für einen beliebigen religiösen eignet. Daher die tägliche Erscheinung bei zum Christentum neu bekehrten heidnischen Völkern, daß sie, troz aller Aeußerlichkeiten des Christentums, Wilde bleiben und wo sie Kulturvölker werden, dies nicht durch die Annahme des Christenthums, sondern durch die Aufnahme *modernerKulturmittel* geschieht.

Man wird einem Volke mit vergleichsweiser Leichtigkeit irgend einen sozialen, politischen und religiösen Zustand aufzwingen können, der von seinem eigenen bisherigen Zustand sich nicht allzusehr unterscheidet, man wird dies aber nicht können, weder nach unten, indem man das Volk tief unter seinen Kulturgrad herabdrückt, noch nach oben, indem man es plözlich und künstlich über denselben erhebt. Der Abstand darf kein zu großer sein. Daher der so häufige rasche Niedergang von Religions-, Staaten- und sozialen Gebilden in Ländern und bei Völkern, wo das künstliche Experiment eines raschen Emporhebens versucht wurde und eine Zeit lang zu glücken schien. Wir erleben dieses Beispiel in der Gegenwart sehr häufig bei Völkern wie den Ureinwohnern von Nord- und Südamerika und den Ureinwohnern anderer Erdteile, denen die moderne Zivilisation statt Vorteil den Untergang bringt.

Es kann also gar kein Zweifel sein, daß die religiösen Ideen mit dem gesammten Kulturzustand eines Volks in innigster Beziehung stehen. Die Religionen entwickeln sich wie das ganze Menschenwesen und wie der politische und soziale Zustand einer Gesellschaft nach bestimmten Gesezen. Es ist also ein Widersinn, zu sagen, dieser oder jener Religionsstifter sei ein Betrüger gewesen, wie es eben so falsch ist, wenn man seiner Person speziell einen ganz besonderen, außergewöhnlichen Einfluß auf eine bestimmte Religionsbildung zuschreibt. Geht man den Vorgängen der Zeiten auf den Grund, dann findet man *stets*, daß es *keineswegs* nur jener *Eine* war, der einem späteren Zeitalter als der eigentliche Religionsstifter, als Gründer durch sich selbst, gilt und darum verehrt wird, und die von ihm gelehrten Grundsäze und Anschauungen *allein* besaß, sondern daß in der Regel sowohl vor ihm wie gleichzeitig mit ihm, eine mehr oder weniger große Zahl frommer Schwärmer vorhanden war, die in dem gleichen Sinne und Geiste wirkten und ihm schon vorgearbeitet hatten. Es waren nur besondere zufällige Umstände, welche gerade diesen bestimmten Einen zur hervorragenden Geltung kommen ließen. Irgend ein nebensächlicher Umstand hätte eben so gut einen anderen an seinen Plaz stellen können.

So wäre z. B. die religiöse Reformation sicher gekommen, auch wenn Luther nicht auftrat und durch Anschlagen seiner 95 Tesen an die Schloßkirche zu Wittenberg dem Papsttum den Krieg erklärte. Der Kampf gegen das Papsttum und die alte Kirche lag in der Zeit und war längst entbrannt. Luther gab durch seine Handlung dem religiösen Kampf nur eine bestimmte Richtung und Form und wurde dadurch in seiner Person die Fahne, um welche sich das Heer der Streiter, oft mit sehr abweichenden Ansichten, sammelte. Oder wäre die moderne soziale Bewegung in Deutschland nicht gekommen, wenn Lassalle keine Gelegenheit hatte, sein berühmtes Antwortschreiben an das leipziger Arbeiter-Comité zu verfassen? Die soziale Bewegung lag in der Luft, sie war bereits vorhanden; Lassalle gab der sozialen Bewegung, wie Luther der religiösen, nur Richtung und Form. Und so wenig der heutige Protestantismus noch lutherisch ist, so wenig ist die heutige soziale Bewegung noch lassallisch.

Die hier angesprochenen Ansichten gelten von religiösen Systemgründern in höherem Grade als von wissenschaftlichen Systemgründern, weil die Moralsäze, auf denen sich alle Religionssysteme aufbauen, eine große Stabilität und Gleichartigkeit in der ganzen Menschheitsentwicklung besizen, so daß das religiöse System *nur* die Form schafft, wohingegen wissenschaftliche Systeme erst durch höhere Erkenntnis, eine große Summe von Erfahrungen und Beobachtungen und tiefes Denken erforscht und festgestellt werden können, also auch ihrem ganzen Inhalte nach neu sein werden.

Bestimmte Moralsäze ergeben sich sozusagen von selbst, wo immer Menschen zusammenleben. Ihr geselliges Zusammenwirken bedingt, daß sie einen Moralkodex sich geben, der je nach ihrem Kulturzustand in äußere Formeln zusammengefaßt wird, aber in seiner Grundauffassung überall derselbe ist. Daß auf Zusammenleben angewiesene Menschen den gegenseitigen Diebstahl, den Totschlag, den Mord und die offene Uebervorteilung verurteilen, liegt so sehr in dem Wesen des gesellschaftlichen Verkehrs, daß ohne diese Schranken jeder gesellschaftliche Verkehr und jedes Zusammenleben unmöglich wäre. Die moralischen Grundanschauungen, welche das gesellschaftliche Verhältnis erzeugt, bilden daher überall die Basis für die Rechtsbildung. Jede organisirte menschliche Gemeinschaft, Stamm, Stämmeverband, Volk, Völkerverband wird sie als Grundlage ihrer Verbindung betrachten. So werden Moralgrundsäze wie der:»was du nicht willst, das man dir tu, das füge auch keinem anderen zu« in jedem menschlichen Gemeinwesen als ideale Rechtsanschauung und erstes Moralgesez angesehen werden, auch wenn dieser Gedanke nicht klar formulirt dem Einzelnen zum Bewußtsein gekommen ist. Dagegen spricht nicht, daß die Staatsgeseze und die Staatseinrichtungen weder auf primitivster, noch auf der heutigen höchsten Kulturstufe diesem Gedanken keinen reinen Ausdruck geben. Hier spielen eben die Machtverhältnisse hinein, die wieder der Ausdruck von der Verteilung der materiellen Machtmittel sind, deren Träger, seien es nun Einzelne oder ganze Klassen, es vermocht haben, in ihrem Interesse der Gesammtheit oder wenigstens der großen Mehrheit die Anschauung beizubringen, daß solche Abweichungen von den allgemeinen Grundsäzen berechtigte und nicht zu ändernde oder nicht zu vermeidende seien.

Aber daß jede Herrschaft die Billigung der Mehrzahl für sich haben muß und selbst der unumschränkteste Despot auf die Dauer nicht zu herrschen imstande wäre, wenn er die Grenzen des allgemeinen Rechsbewußtseins willkürlich durchbräche, spricht für die große Macht der moralischen Anschauungen, sowie auch dafür, daß geistige Strömungen sich nicht *nachBelieben* erzeugen und leiten lassen.

Der ursprünglichste und naheliegendste Moralgrundsaz ist jener von der Gleichheit aller. Daher finden wir in den ältesten wie in den modernsten Religionssystemen diesen Grundsaz ausgesprochen. Es gibt ferner keinen Moralsaz im Christentum, den der fünfhundert Jahre ältere Buddhismus und der noch viel ältere Brahmaismus nicht auch lehrte; die Lehre von der Gütergemeinschaft findet sich darin und wurde im Buddhismus in einer der Zeit zusagenden Weise von den Frömmsten verwirklicht, ehe man an das Christentum dachte.

Wäre es nicht eine tausendfach festgestellte Thatsache, daß ein und dieselben Gedanken in den verschiedensten Gehirnen und in den verschiedensten Zeitaltern, ohne daß ihre Träger gegenseitig

Kenntniß von einander zu haben brauchen, sich bildeten, wenn nur gleichartige Zustände vorhanden sind, welche dann auch die gleichartigen Gedanken erzeugen, so müßte man das Christenthum in seinen wesentlichsten Lehren einen einfachen Abklatsch des Buddhismus und des noch älteren Brahmaismus nennen. Womit nicht bestritten wird, daß das Christentum tatsächlich sowohl Anschauungen als Gebräuche zahlreich dem Brahmaismus und Buddhismus entnommen hat. Nur daß das Christentum nach den anders gearteten Zuständen und Anschauungen der späteren Zeit, in der es entstand, sich entsprechend modifizirte; wie es sich denn troz aller Kämpfe und Opposition seiner Vertreter, vom ersten Jahrzehnt seines Bestehens an bis heute beständig modifizirt und anbequemt hat, weil es der Zeitgeist dazu zwang, wollte es Aussicht auf Bestand haben.

Es kann auch nicht bloßer Zufall sein, daß unsere hauptsächlich in Betracht kommenden Religionssysteme dem Orient entsprangen und zwar auf einem und demselben Gebiete geboren wurden. Die Wiege des Judaismus, des Christianismus und des Mohammedanismus standen geographisch nahe beieinander. Die Gegend, wo Abraham seine Heerden weidete und schließlich begraben worden sein soll und die Orte, wo Mohammed geboren und gestorben ist und hauptsächlich wirkte, sind nicht sehr viele Tagereisen von einander entfernt, und die Wiege des Christentums stand wieder in der Heimat des Judentums.

Der Orient, und zwar hauptsächlich Indien, wird auch als die Geburtsstätte der Menschheit angesehen. Dort, wo die Natur so reich und üppig sich entfaltet, daß der Mensch mit geringster Mühe seinen Lebensunterhalt sich erwerben kann, entwickelte sich vermuthlich zuerst die höhere Kultur, wenigstens stammt von dort die älteste Kultur, die wir kennen, und verbreitete sich in dem Maße wie die Menschen sich vermehrten und neue Wohnpläze suchten, nach den verschiedensten Richtungen, namentlich nach Norden und Westen. Möglich, ja wahrscheinlich, daß schon sehr frühzeitig Ansiedler aus Vorderindien durch das arabische Meer nach dem südwestlichen Arabien, dem ungemein fruchtbaren Lande Yemen und von dort, durch das rote Meer, nach dem nicht minder fruchtbaren und üppigen Nilthal im nordöstlichen Afrika gelangten und sich von hier aus weiter verbreiteten.

In der dicht zusammengedrängten Bevölkerung des Niltales, das auf der einen Seite das rote Meer, auf der anderen die große lybische Wüste hat, gestaltete sich ein Staatswesen, das gleich dem indischen in ein starres Kastenwesen ausartete. Dahingegen war das ungeheure Gebiet des heutigen Arabiens und Syriens, mit seiner Abwechslung von fruchtbaren Landstrichen und seinen weiten Hochebenen ganz darnach angetan, der Bevölkerungszersplitterung Vorschub zu leisten und die starre Unterjochung und kastenartige Abscheidung zu verhindern. So bildete sich hier im Laufe der Jahrtausende statt eines strengen, nach Kasten abgeschlossenen Staatswesens, ein vielgestaltiges, reich gegliedertes Familien- und Stammesleben aus, das sich auf einen Flächenraum, fünfmal so groß als das deutsche Reich, verbreitete. Von gleicher Race, war die Bevölkerung sehr ungleich in Lebensweise und Beschäftigung. In dem fruchtbaren Boden des südöstlichen Arabiens, und in den Gegenden längs der Meeresküste entstand frühzeitig eine hohe Kultur, gefördert durch lebhaften Handel und Verkehr; dasselbe war im Norden in Syrien und längs der Küste der Fall, wo das phönizische Reich sich bildete und durch seinen Reichtum und seine Kultur eine Zeit lang das erste aller Reiche um das mittelländische Meer herum wurde.

Im Inneren Arabiens, wo Berge und Wälder die Bildung von Feuchtigkeit in Gestalt häufiger Regen begünstigen und in Folge davon auf den mächtig ausgedehnten Hochebenen sich fettgrasige Weiden bildeten und zahlreichen Heerden Nahrung boten, entwickelte sich ein nomadisches Hirtenleben mit seiner Einfachheit und Naturwüchsigkeit. Nur wenn im Frühjahr die heftig hereinbrechenden Gewitterregen erhebliche Strecken der angrenzenden Wüste unter Wasser sezten und wie mit einem Zauberschlage dem Boden einen üppigen Pflanzenwuchs entlockten, zogen die Hirten auf kurze Zeit in die Ebene. Streit und Zank der einzelnen Stämme um die besten Weidepläze blieben dabei nicht aus und nicht selten entstanden daraus blutige Fehden.

Andere Stämme des Volks, die auf den Oasen inmitten der Wüste oder am Saume derselben ihre Wohnpläze aufgeschlagen, trieben neben der Viehzucht mit Vorliebe die Jagd auf Berg- und Wüstentiere, hielten es aber auch, da schon sehr frühzeitig sich durch die Wüste Handelsstraßen zogen, für vorteilhaft, den Handelskarawanen aufzulauern und sie zu plündern. Diesem Teil des arabischen Volks wurde Kampf, Jagd und Raub sein Lebenselement. Der Streit um den Raub verfeindete sehr häufig die benachbarten Stämme; einer suchte dem anderen in dem Hinterhalt und durch den Ueberfall die Heerden und die Frauen zu rauben. Wo ein Stamm sich zu schwach fühlte, dem anderen zu widerstehen, suchte er nach Bündnissen und so entstanden Kämpfe, in denen manchmal ganze Stämme ihren Untergang fanden.

Eine solche Lebensweise, viele Jahrhunderte hindurch fortgeführt, muß bestimmte Karaktereigenschaften in hohem Maße entwickeln. Da die räumliche Ausdehnung und die Bodengestaltung des Landes die isolirte Abschließung der Stämme mit Leichtigkeit gestattete, so entwickelte sich ein sehr ausgeprägter Stammes- und Familienstolz. Die Stammes- und Familientradition erlangte hohe Bedeutung und die eigene lebhafte Phantasie wie die Sucht, den Nachbarstamm zu überbieten, trug dazu bei, die Taten und die Tugenden der Vorfahren möglichst günstig darzustellen, die dann durch die Ueberlieferung von Geschlecht zu Geschlecht sich immer mehr vergrößerten und verschönerten. Erlangte Vorrechte wurden hochgehalten und auch von denen respektirt, über die man sie erlangt hatte, da sie meist im Kampf erworben waren und der Kampf die Führerschaft und die Unterordnung bedingt. Tapferkeit ward eine der vornehmsten Tugenden, aber auch die Großmut gegen den besiegten Feind ward gepriesen und geübt. Als heilig und unverletzbar ward die Gastfreundschaft angesehen, wie bei allen Völkern auf einer gewissen Kulturstufe, die frühzeitig den hohen Wert eines sicheren Asyls schäzen lernen, wenn sie in fremdem, wenig bevölkerten Lande von allen möglichen Gefahren, die Naturereignisse, wilde Tiere oder feindliche Menschen ihnen stündlich bereiten können, umgeben sind. Die Gastfreundschaft zu verletzen galt deshalb für eine der schimpflichsten Handlungen.

Dagegen wurden Raub und im Falle des Widerstandes Tötungen, an anderen als den eigenen Stammesangehörigen oder Verbündeten begangen, als durchaus erlaubt und ehrenvoll angesehen, vorausgesezt, daß die Handlungen nicht feig und hinterlistig ausgeführt wurden. Auch galt einen Schimpf oder eine Beleidigung im Blute des Gegners zu rächen nicht blos als gerechtfertigt, sondern als Pflicht, wollte der Beleidigte nicht als feig oder ehrlos erscheinen.

Unter solchen bestimmten sozialen Zuständen mußten auch bestimmte religiöse Anschauungen vorhanden sein, namentlich, wenn man die klimatischen Verhältnisse und die natürliche Beschaffenheit des Landes in Betracht zieht.

Die Naturerscheinungen haben, wie schon hervorgehoben wurde, zu allen Zeiten auf die Anschauungen der Menschen einen großen und entscheidenden Einfluß ausgeübt. Die unverstandenen Naturerscheinungen waren es, welche zuerst zu religiöser Verehrung Veranlassung gaben. Je großartiger und gewaltiger sie einherschritten, je mehr sie auf das ungeklärte naturwüchsige Gefühl Eindruck machten und die Phantasie durch glänzende oder abschreckende und geheimnisvolle Erscheinungen erregt wurde, um so lebhafter und phantastischer waren die Vorstellungen, die sich die Menschen von den Wesen machten, die nach ihrer Meinung die Veranstalter dessen waren, was vor ihren Augen sich zutrug.

Der leuchtende Farbton, unter dem das Häßliche wie das Schöne im Morgenlande unter einem fast immer heiteren Himmel erscheint, wirkt in hohem Maße nervenanregend. Das heiße Klima macht die Menschen leidenschaftlicher, sie sind Hallucinationen und epileptischen Anfällen leichter ausgesezt als der kühle Nordländer; die Phantasie entfaltet sich bei der Großartigkeit der Naturerscheinungen üppiger und erlangt daher die Herrschaft über den Verstand. Daraus erklärt sich die größere Neigung zu religiösen Schwärmereien, wie die Liebhaberei für alle Künste, welche die Phantasie und die erregten Gefühle besonders befriedigen: Dichtkunst, Gesang, Musik, die Freuden an Mährchen und phantastischen Erzählungen.

Unter die wirkungsvollsten Naturerscheinungen im Orient muß besonders der Eindruck gerechnet werden, den die Wüste auf den Wanderer wie auf den in ihr Lebenden macht. Die Wüste wirkt durch ihre scheinbare Unendlichkeit, durch das blendende Lichtmeer, das am Tage über sie ausgegossen ist, und die feierliche Ruhe und Stille, die dann in ihr herrschen und alles Leben in ihr wie erstorben erscheinen lassen, mächtig auf den Menschen ein. Er fühlt sich klein und doch wieder gehoben in dieser starren Unendlichkeit und fühlt andachtsvolle Schauer vor dem Wesen, das, nach seinen Begriffen, sie geschaffen haben muß. Dieser andächtige Schauer wird vermehrt durch die Zeichen der Vergänglichkeit, die ihm fast auf Schritt und Tritt begegnen. Tierische und menschliche Gebeine sieht er überall, deren einstige Besizer entweder im Kampf miteinander oder in Folge plözlich eingetretener Naturereignisse, wie Wolkenbrüche und Wüstensandstürme, oder in der weiten undurchdringlichen Ebene verirrt, durch Hunger und Durst ihren Tod gefunden.

Aehnlich in der Wirkung, doch im Sinneneindruck ganz anders, stellt sich die Nacht in der Wüste dar. Ohne wesentlichen Uebergang von dem hellsten Lichte in die tiefste Schwärze, bricht die Nacht herein. An dem tiefschwarz scheinenden Himmel leuchtet ein Heer von Himmelskörpern in so intensivem Glanze, wie selten unter gleichen Breitengraden, weil anderen Ländern die durchsichtige Luft fehlt, welche fast das ganze Jahr, unbeweglich erscheinend, über den weiten und heißen Flächen Arabiens steht. Aber mit der hereinbrechenden Nacht beginnt plözlich das Leben in der Wüste. Auf allen Seiten regt sich die Tierwelt. Laute der verschiedensten und oft schauerlichsten Art machen sich überall vernehmlich, um so lauter, da die Dünne und Reinheit der Luft die Entfernungen nahezu aufhebt. Kein Wunder, daß das erregte Gemüt und die lebhaft geweckte Phantasie überall geheimnisvolle Geister erblickt, die jezt in der Stille der Nacht ihr geschäftiges Wesen treiben und den Menschen überall necken und schädigen. Daher ist der Glaube an Geister, Ginnen und Ghulen, bei den Arabern von uralter Zeit her verbreitet. Diese Geister spielen selbst im Koran ihre Rolle, ebenso wie der semitische Teufel, der nach der Bibel dem christlichen Religionsstifter bezeichnender Weise ebenfalls in der Wüste erschien.

Juden und Araber, zu derselben Race gehörig, fast auf ein und demselben Boden sich entwickelnd, haben von uralter Zeit in ihren religiösen Anschauungen vieles miteinander gemein. Beide führen ihre Abstammung auf Abraham zurück, nur daß die Bewohner des mittleren Arabiens sich speziell als die Nachkommen Ismaels, des Sohnes der von Abraham in die Wüste verstoßenen Hager ansehen, die Südaraber sich als Nachkommen Joktans betrachten. Der Sage nach kam Ismael mit seiner Mutter auf seiner Wüstenwanderung in die Nähe von Mekka, wo er vom furchtbarsten Durste gequält wurde. Angstvoll lief die Mutter ein wüstes Tal auf und ab, irgendwo eine Quelle erspähend; da, in Folge der wiederholten Anrufung ihres Gottes, sprang unter den Füßen des kleinen Ismael eine Quelle empor, die ihr das verzweifelt gesuchte Naß in reichlichstem Maße spendete. Dieser Brunnen, in unmittelbarer Nähe der heiligen Kaaba in Mekka gelegen, wird noch heute hochverehrt und gehört zu den heiligsten Oertern des Zentralpunkts der islamitischen Religionsgenossen. Auch haben noch heutigen Tages die vielen tausende von Pilgern, die alljährlich von allen Enden Asiens und Afrikas und wo sonst die mohammedanische Glaubensgenossenschaft Anhänger zählt, nach Mekka wallfahren, unter den Wallfahrtsobliegenheiten siebenmal die Hauptstraße Mekkas auf- und abzulaufen, um so das angstvolle Suchen der Hager nach Wasser anzudeuten.

Wie jener Brunnen, heute der Zamzambrunnen genannt, an Abraham-Ismael erinnert, so auch der berühmte schwarze Stein, den die Kaaba birgt und der eigentliche Gegenstand der Verehrung ist. Nach der einen Version soll dieser Stein ein gefallener Engel sein, den Gott wegen eines Vergehens aus dem Paradies auf die Erde stieß und in einen Stein verwandelte; aber am jüngsten Tage werde er wieder ein Engel werden und dann dem Herrn berichten, wer ihn während seines Steindaseins auf Erden verehrt und werde zu Gunsten der Gläubigen zeugen.

Nach der anderen Version hat Abraham den Stein aus dem Paradiese mitgebracht, wo er noch schneeweiß war, aber dann allmälich durch die Aufnahme der Sünden der Gläubigen schwarz wurde. Ferner sollen Abraham und Ismael, die erste Kaaba, die aus einem viereckigen Steinhaufen bestand, auf dessen Spitze der heilige Stein lag, errichtet und der allgemeinen Verehrung empfohlen haben.

Das wahrscheinlichste ist, daß der Stein ein Aërolith (Meteorstein), der in uralter Zeit unter Geräusch und Leuchten zur Erde fiel, von in der Nähe weidenden Hirten gesehen und gefunden und nun als himmlischen Ursprungs verehrt wurde. Die Zeit und das Interesse verbreiteten dann den Wunder- und Sagenkreis um ihn, der dann schon sehr frühzeitig und in wachsendem Maße die Angehörigen der verschiedensten semitischen Stämme bis weit aus Asien her zur Wallfahrt zur Kaaba veranlaßte. Feststeht, daß die Verehrung heiliger Steine (Aërolithen) in uralter Zeit bei allen semitischen Stämmen verbreitet war und die erste Form ihrer Götterverehrung bildete.

Wie es nun auch heute noch geschieht, bildete sich bald in der Nähe solch eines heiligen, vielbesuchten Ortes eine Stadt, deren Bevölkerung an dem Besuch dieser Wallfahrten sehr interessirt war und nun ihrerseits alles aufbot, den Ruhm des Wunderortes immer weiter zu verbreiten und seine Anziehungskraft zu erhöhen. Der fromme Betrug ging mit der frommen Einfalt Hand in Hand. Und wenn im Mittelalter in der Christenheit das Wizwort gang und gäbe war: Je näher bei Rom, desto weiter vom Papst, so konnte man schon sehr frühzeitig von Mekka und den Mekkanern etwas ganz ähnliches sagen. Mekka war von allen Städten des späteren mohammedanischen Reichs diejenige, wo der wenigste Glaube herrschte und die lockeren Sitten und die ausschweifende Lebensweise den größten Umfang annahm, ja sie galt lange Zeit im Chalifenreich nebst der Schwesterstadt Medina als die Hochschule sinnlichen Raffinements. Sodom und Gomorrha ins Arabische übersezt.

Mekka, die heilige Stadt, liegt sechs Meilen vom roten Meer, in einem unwirtlichen, mit spärlicher Vegetation bedeckten Tale, dessen Seitenwände wild zerrissene Steinabhänge bilden. An beiden Enden des Tales beginnt die vegetationslose Wüste. Da die Stadt von frühester Zeit eine Hauptstation der von Syrien durch die Wüste nach und von dem Lande Yemen kommenden Handelskarawanen bildete, und alljährlich von zahlreichen Pilgern und Pilgerkarawanen besucht wurde, so war sie ein lebhafter Verkehrs- und Handelsplaz. Diese Umstände machten sie auch zum Siz verschiedener arabischer Stämme, die gegen einen entsprechenden Tribut den Schuz der Karawanen gegen die Angriffe verwandter räuberischer Stämme in der Wüste übernahmen. Unter diesen in Mekka ihren Siz habenden Stämmen war es dann wieder derjenige der Koraischiten, der die Auszeichnung genoß, die Tempelwache und die religiösen Dienstleistungen in der Kaaba zu versehen. Die Kaaba, als früher einfacher Steinhaufen, wich nämlich später einem umfassenden Steinbau, in dessen südöstlicher Ecke im Inneren der heilige Stein wenige Fuß hoch vom Boden eingemauert wurde. Der Stein selbst, ungefähr sieben Zoll im Durchmesser, ein wellenförmiges Oval bildend, wurde dann mit einer Einfassung in Silber versehen. Unmittelbar an die Kaaba ward später die Moschee gebaut, in welcher die Gebete und Predigten gehalten werden. Endlich befindet sich einige Meilen von Mekka das Tal, in welchem noch heute, ganz wie bei den alten Israeliten, die Opferung der Tiere stattfindet, deren Zahl im eigentlichen Wallfahrtsmonate so groß ist, daß ihre Cadaver die Luft verpesten und häufig zu pestartigen Krankheiten die Veranlassung geben.

– – – – –

Zur Zeit des römischen Reichs hatten Aegypten, Palästina, Syrien und auch ein Teil Arabiens in verschiedener Zeitdauer unter römischer Herrschaft gestanden und dessen Kultur hatte sich in allen diesen Ländern verbreitet. Als das römische Reich zerfiel und gleichzeitig das Christentum immer weitere Ausdehnung erlangte, bis es im oströmischen Reiche endlich Staatsreligion wurde, gab es auch zahlreiche Christen in diesen Ländern, die aber fast alle mit den beiden Hauptrichtungen der Christenheit, die der Bischof zu Rom und der Bischof zu Konstantinopel vertraten, zerfallen waren. Neben diesen Christen und inmitten der übrigen Bevölkerung lebten versprengt zahlreiche Juden.

Bis zwei Jahrhunderte vor dem Beginn des mohammedanischen Reichs war Alexandrien in Aegypten der Sammelplaz und das Zentrum für die ganze antike Bildung. Hier war der Siz der neuplatonischen Philosophie, die als heidnisch von den christlichen Wortführern heftig bekämpft und angegriffen wurde, obgleich oder auch gerade weil das Christentum, wie ein Blick in Platos »Staat« und zeigt, auf Sokratisch-Plato'sche Philosophie sich stüzt und von ihr erfüllt war. In Alexandrien waren ferner die literarischen Schäze Griechenlands und Roms und der Völker des Altertums aufgespeichert, seine Bibliotek und seine Sammlungen von mathematischen, astronomischen und physikalischen Instrumenten waren die größten und vollkommensten der damaligen Zeit. Ein solcher Brennpunkt geistigen Lebens mußte auch noch lange nach seiner Zerstörung von Einfluß auf seine weitere Umgebung sein, und in der Tat gab es zahlreiche Häupter der christlichen Sekten, die sich, im Verein mit jüdischen Rabbinern, den von Alexandrien ausgegangenen philosophischen und naturwissenschaftlichen Lehren mit Eifer hingaben und eine ganz eigenartige geistige Atmosphäre erzeugten.

Solche Jahrhunderte währende Geistesströmungen bleiben notwendig nicht ohne Einfluß auf weitere Volkskreise und wirken auch bestimmend auf die religiösen Anschauungen ein. In dieser geistigen Atmosphäre wurde am 1. April 571 unserer Zeitrechnung *Mohammed* als Sohn eines Elternpaares aus dem Stamme der Koraischiten zu Mekka geboren.

Mohammeds Verhältnisse waren keine günstigen. Der Vater starb kurz vor oder bald nach seiner Geburt, seine Mutter starb, als er kaum sechs Jahre alt war; so wurde der Knabe, den sein Oheim Abu Talib in Pflege nahm, frühzeitig selbständig. Schon mit dem zwölften Jahre unternahm er eine Reise nach dem entfernten Bassra (Bassora) an der Grenze von Irak. Dort machte er mit einem christlichen Mönche namens Bahira (Dschardis) Bekanntschaft, ebenso hatte er in seiner Heimat einen getauften jüdischen Gelehrten, einen Vetter mütterlicherseits, mit dem er Verkehr pflegte. So entstanden die Ideenströmungen, die ihn später beherrschten.

Mohammed zeichnete sich durch Gewandtheit aus. Nach der Heimat zurückgekehrt, bekleidete er abwechselnd die Stelle eines Hirten und eines Kameeltreibers und machte in lezterer Eigenschaft wiederholt Reisen nach Syrien und Irak. Fünfundzwanzig Jahre alt, trat er in den Dienst einer Kaufmannswitwe Namens Chadidscha, der er bald so gefiel, daß sie ihm, obgleich an Jahren weit voraus, ihre Hand anbot. Mohammed willigte ein, sicher weniger aus Liebe als aus materiellen Gründen. Er hatte aber mit seinen geschäftlichen Unternehmungen kein sonderliches Glück, denn als seine Frau nach langjähriger Ehe starb, war er keineswegs in glänzenden Verhältnissen.

In jener Zeit herrschte in weiten Kreisen der arabischen Bevölkerung eine lebhafte geistige Erregung. Ein bestimmt ausgeprägtes religiöses System besaßen die Araber damals nicht. Es traten häufig religiöse Schwärmer auf, die sich als Propheten dem Volke darstellten, ohne sonderlichen Anhang zu finden. Aehnlich war es ja auch zur Zeit Jesu in Palästina. Durch die Römer unterdrückt und unterjocht, seiner nationalen Selbständigkeit beraubt, waren unter dem erregten jüdischen Volke ebenfalls zahlreich religiöse Schwärmer entstanden, die, auf die alten Weissagungen von einem kommenden Messias gestüzt, die religiösen, nationalen und sozialen Instinkte und Leidenschaften der Massen erregten. Insbesondere war es die Sekte der Essener, die durch die strengste Askese – Ehelosigkeit, Selbstverstümmelung und Kasteiungen aller Art – den Fanatismus entfesselten. Aus ihr gingen Johannes der Täufer – die Taufe ist eine Zeremonie, die auch die alte ägyptische Religion besaß – und Jesu hervor. Johannes, anfangs der Kühnere, revolutionärere, von der Menge bejubelt, ward durch Herodes als Unruhestifter geköpft. Jezt trat Jesu an seine Stelle und die Umstände begünstigten ihn, der Schöpfer einer neuen Religion zu werden.

Mohammed erging es ähnlich. Er verfiel ziemlich spät, nahe dem vierzigsten Lebensjahre, in religiöse Visionen. Möglich, daß folgender Umstand einen starken Eindruck auf ihn gemacht. Zu seine Zeit fand der Umbau der Kaaba statt, nun entstand aber Streit, wer das Amt der Einmauerung des heiligen Steines verrichten solle. Endlich kam man überein, sich zurückzuziehen und demjenigen das Amt zu übertragen, der an einem bestimmten Tage in frühester Stunde der erste in der Kaaba sein werde. Dieser Glückliche war Mohammed und er verrichtete das Amt zu aller Zufriedenheit.

Religiöse Visionen sind die Folge sehr nervösen Temperaments und sind in der Regel von epileptischen Anfällen begleitet. Beides war mit Mohammed der Fall. In Folge religiöser Grübeleien steigerten sich mit den Jahren die epileptischen Anfälle und Visionen. Sie erweckten in ihm den Glauben, daß er der berufene Neubegründer der dem Abraham von Gott offenbarten Religion sei. Anfangs fanden seine Gesichte und Weissagungen wenig Gläubige, selbst nicht bei seinen nächsten Angehörigen. Aber mit ihrer dauernden Wiederkehr verschwanden allmählich die Bedenken und eine Person nach der anderen aus seiner Umgebung fing an, ihn für einen Propheten zu halten. Doch betrug nach Verlauf von drei Jahren seine Anhängerschaft erst vierzig.

Am schlechtesten waren seine eigenen Stammesgenossen, die Koraischiten, auf ihn zu sprechen und zwar aus ähnlichen Gründen wie die Schriftgelehrten Judäas auf Jesu.»Kein Prophet gilt in seinem Vaterlande«. Die Koraischiten, als die berufenen Kaabahüter, ein Amt, das ihnen Ansehen und große materielle Vorteile verschaffte, waren dem Aufkommen einer neuen Religion feindlich, weil sie ihr Ansehen und ihre Einnahmen zu schmälern drohte. Es kam zu heftigen Auseinandersezungen mit Mohammed. Die Verfolgungen wurden schließlich so arg, daß selbst sein Leben in Gefahr kam. Er entfloh in eine mehrere Meilen von Mekka entfernte

Höhle, wo ihn sein Oheim, Abu Talib, der ihn auch in der Stadt nach Kräften beschützt hatte, mit Lebensmitteln unterhielt. Als dieser aber bald darauf starb, sah sich Mohammed genötigt, weiter zu fliehen. Er eilte mit seinen Anhängern nach dem nicht sehr entfernten *Medina,* wo er, namentlich schon aus Eifersucht gegen die Mekkaner, günstige Aufnahme und viele Anhänger fand. Von diesem Zeitpunkte an, dem Jahre 622 unserer Zeit, wurde später die neue Zeitrechnung der Mohammedaner, die Hedschra, das Jahr der Flucht, angesezt.

In Medina begann Mohammed sein religiöses System weiter zu entwickeln, das sich aus jüdischen und christlichen Anschauungen und Gebräuchen, vermischt mit den alten heidnischen Anschauungen der Araber, bildete. Mohammed betrachtete sich als den ersten Propheten Gottes, doch war er weit entfernt, Moses und Christus zu verleugnen; auch diese erkannte er als Propheten, aber nur als Vorläufer von ihm an. Die christliche Dreieinigkeit verwarf er als Vielgötterei und darum heidnisch, dagegen lehrte er den strengsten Monotheismus (Eingottglaube). »Es ist kein Gott außer Gott und Mohammed ist sein Prophet«. Das war und ist der Grundspruch und das Glaubensbekenntnis des Islam. Aus den Offenbarungssprüchen, die er nach seinen Visionen kundgab, entstand der Koran. Er ging dabei recht praktisch zu Werke. Kam ein Fall vor, für den bisher noch kein Ausspruch vorhanden war, so wartete er seine nächste Vision ab, und der dann zu Tage geförderte Spruch wurde als endgiltig und heilig von allen Gläubigen anerkannt. Diese Aussprüche, die zumteil von hoher Moral, gesunder und humaner Anschauung Zeugnis ablegen, bildeten die Grundlage des religiössozialen Gesezes; sie entsprachen den Sitten und dem Karakter des Volks und der Zeit. Hierdurch wurden sie das vorzüglichste Bindemittel, welches die bis dahin zersplitterten, jedes gemeinsamen Bundes baren Stämme vereinigte.

Mohammed lehrte, daß es gelte, den neuen Glauben mit allen Mitteln auszubreiten, die Ungläubigen sollten bekämpft oder dem wahren Glauben gewonnen werden. Doch machte er zwischen den Ungläubigen einen Unterschied. So weit es sich um arabische Stammesgenossen handelte, sollten sie, sobald sie besiegt und den neuen Glauben angenommen, als vollständig Gleichberechtigte anerkannt werden. Waren es hingegen Ungläubige fremder Abstammung, so sollten diese, wenn sie sich unterwarfen bevor man sie geschlagen und ihr Land erobert hatte, als Schuzgenossen (Klienten) angesehen werden. In diesem Falle sollten sie ihren Grund und Boden als Eigentum behalten, sie waren aber gehalten, eine bestimmte Kopf- und Grundsteuer zu entrichten, die den Schaz des Propheten und später in den seiner Nachfolger, der Kalifen, floß und von diesen nach bestimmten Regeln unter die Gläubigen und Stammesgenossen verteilt werden mußte. Dasselbe geschah mit der Kriegsbeute, die nach Abzug eines Fünftels für den Schaz unter die Gläubigen verteilt wurde.

Die Jedem einleuchtenden materiellen Vorteile aus der Verbindung mit religiösen Ueberzeugungen, konnten ihre Wirkung auf die tapferen, aber auch beute- und geldgierigen Söhne Arabiens nicht verfehlen. Diesem, sowie dem Umstand, daß die unterworfenen Ungläubigen mit einer im Orient bis dahin unbekannten Milde behandelt wurden und mit verhältnismäßiger Leichtigkeit sich ein gewisses Maß von Freiheit und Unabhängigkeit erkaufen konnten, ist die sehr rasche Ausbreitung des Islams zuzuschreiben. In scharfem Gegensaz zu den heute in Europa noch weitverbreiteten Anschauungen, als sei der Mohammedanismus von fanatischer Unduldsamkeit gegen Andersgläubige beseelt gewesen, muß *dasGegenteilkonstatirtwerden.* Christen, Juden und Andersgläubige überhaupt haben unter dem Mohammedanismus vom ersten Tage seines Entstehens an mit einer Ruhe und Sicherheit gelebt, wie sie Andersdenkenden im gleichzeitigen christlichen Europa *nirgends* zu Teil wurde. Größere Verfolgungen kamen erst vor, als vom 11. bis zum Ende des 13. Jahrhunderts das christliche Abendland unter dem Namen der Kreuzzüge seine Raub- und Eroberungszüge nach dem Morgenlande unternahm und durch seine Hezereien und Barbareien auch den muselmännischen Fanatismus auf die Spize trieb. Und selbst in dieser Zeit haben mohammedanische Kriegsführer christliche Fürsten und Edelleute häufig durch Edelmuth beschämt.

Juden und Christen haben in der Blütezeit des Islam und noch viel später, ja selbst bis in unsere Tage, die höchsten Ehrenstellen im mohammedanischen Staatswesen bekleidet; die Juden speziell genossen Rechte und nahmen Ehrenstellen an, die ihnen heute vielfach noch im christlichen Abendland versagt werden. Jahrhunderte lang waren z. B. die Steuerämter im Reich fast ausschließlich in den

Händen von Christen und Juden. Christen und Juden bekleideten hohe Würden bei Hofe und waren häufig Vertrauenspersonen der Kalifen. Christen und Juden bildeten insbesondere den im Morgenlande hoch angesehenen Stand der Aerzte und waren häufig Leibärzte der Kalifen. Endlich waren christliche Kirchen und Klöster und jüdische Synagogen vor und nach Mohammed sehr zahlreich über das weite Reich zerstreut, und erfreuten sich die Angehörigen dieser Religionen der *vollkommenstenReligionsfreiheit* innerhalb ihrer Kirchen und der *vollstenSelbstverwaltung* ihrer zumteil sehr großen Vermögen und ihrer religiösen Angelegenheiten. Ferner standen christliche und jüdische Gelehrte mit den mohammedanischen in freundschaftlichem Verkehr; religiöse, philosophische, juristische, medizinische und naturwissenschaftliche Tematas wurden mit einer Freiheit und Ungenirtheit öffentlich erörtert, die in den meisten christlichen Staaten bis in die neuere Zeit unerhört war.

So geschah es, daß schon frühzeitig und zu einer Zeit, wo das christliche Abendland noch in tiefster Barbarei lag und die wildeste Verfolgung gegen jeden ins Werk sezte, der da wagte, an den Kirchendogmen zu zweifeln, oder der Studien oblag, welche in ihren Erfolgen die Glaubenssäze anzutasten drohten, das mohammedanische Reich eines hohen Maßes von Geistesfreiheit und Kultur sich erfreute, und der Orient es war, der dem in finstere Glaubensnacht versunkenen Abendland die Leuchte der Erkenntnis überreichte. Das wird die weitere Darlegung noch beweisen.

Die geschilderte, manchem unglaublich scheinende Toleranz war imgrunde sehr natürlich. Wie schon dargelegt, lebten Juden, Christen und Anhänger aller Religionen und Anschauungen der alten Welt Jahrhunderte lang in friedlichem Verkehr in den Ländern, in denen der Islam zunächst sich ausbreitete. Der Islam selbst war nur ein Gemisch aus wesentlichen Bestandteilen dieser verschiedenen Religionen, endlich stand Mohammed selbst mit seinen Anhängern dieser Religionen in freundschaftlichem Verkehr, dasselbe war mehr oder weniger mit seinen unter denselben Verhältnissen aufgewachsenen Nachfolgern der Fall. Wie konnte da ein brutaler Fanatismus und eine blinde Verfolgungswut Plaz greifen? Die einfachsten Gebote der Klugheit empfahlen die Toleranz und die bisherigen Sitten bedingten sie.

Wenn es später zeitweilig anders wurde, so trug, wie schon angeführt, das christliche Abendland ganz wesentlich die Schuld; auch muß hervorgehoben werden, daß in späteren Jahrhunderten eine korrumpirte Mischrace mehr und mehr das Ruder in die Hand bekam, das schließlich gänzlich in die Hände eines berberischen Volks, der seldschuk'schen Türken, überging, deren Wildheit dem Abendland jezt als der Ausdruck des mohammedanischen Geistes erscheinen mußte. Es ist übrigens sehr die Frage, ob selbst die heutigen christlichen Staaten einer größeren Zahl von Mohammedanern in ihrer Mitte diejenigen Freiheiten einräumen würden, die – allem Zeitungsgeschwäz zum Troz – die Christen bei den Mohammedanern heute noch tatsächlich genießen.

II. Weitere Entwickelung mohammedanischer Macht unter Mohammed und den nachfolgenden Kalifen. Die religiös-militärische und steuerpolitische Organisation des Reichs.

In Medina wohnten die Stämme Aus und Chazrag, die Mohammed nach seine Flucht günstig aufgenommen hatten. Ihnen erteilte er deshalb den Ehrennamen die Hilfsgenossen (Ansâr); die mit ihm aus Mekka Geflohenen erhielten den Namen die Fluchtgenossen (Mohagir). Die Nachkommen dieser Stämme stehen noch heute in hohem Ansehen im Orient. Damals gab aber ihre bevorzugte Stellung Anlaß zu den ersten Kämpfen zwischen ihnen und den Mekkanern, die, nach Mohammeds Tode, schwere Spaltungen verursachten.

In Medina begann Mohammed mit der Organisirung seines religiös-politisch-sozialen Staatswesens. Er mochte die Erfahrung gemacht haben, welch großen und mächtigen Einfluß auf den Einzelnen das massenhafte Zusammenwirken bei religiösen Uebungen nach bestimmten Vorschriften ausübt. Bei allen Massenzusammenkünften zu gemeinsamem Zweck fühlt jeder Einzelne sich mächtig gehoben; seine Kräfte scheinen ihm vervielfacht, sein Vertrauen wächst; es entsteht eine phosphorescirende Wirkung, die jeden über sich selbst erhebt und ihn zu Taten beseelt, deren er als Vereinzelter unfähig ist.

Jede Massenansammlung für irgendeinen Zweck liefert hierfür den Beweis. Auch der Redner in der Volksversammlung spricht mit umso größerem Feuer, je dichter die Massen sind, die ihn umstehen, sein eigenes Feuer überträgt sich auf die Zuhörer und so erzeugt sich aus dem gegenseitigen Aufeinanderwirken jenes enthusiastische Wogen und jene tiefe Gefühlserregung, der Keiner sich entziehen kann. Ebenso ist die Gleichartigkeit äußerlicher Zeichen und Formen, unter welchen bestimmten Gefühlen Ausdruck gegeben wird, von großem erzieherischen Wert für bestimmte Zwecke. Namentlich wenn es sich um Massen handelt, die nach ihrem geistigen Standpunkt mehr durch Aeußerlichkeiten als durch Gedankenentwicklung gefesselt werden können. Den Einfluß einer von früher

Jugend ab betriebenen Abrichtung im Formelwesen kann sich selbst der geistig Starke schwer entziehen. Bei den Arabern war aber ein solches auf Disziplin und Zusammenwirken berechnetes religiöses Formelwesen um so nötiger, da sie einen ausgeprägt separatistischen Stammesgeist besaßen.

Dies klar erkennend organisirte Mohammed in erster Linie einen streng gegliederten Ritus; er ordnete tägliche fünfmalige Waschungen und Gebete an, wobei alle Bewegungen mit minutiöser Genauigkeit vorgeschrieben wurden und legte namentlich großes Gewicht auf das gemeinsame Massengebet, dem er stets persönlich selbst vorstand und dem er eine fünfundzwanzigfach größere Wirkung als dem Einzelgebet zuschrieb.

Auf diese Art schuf Mohammed eine religiös-militärische Disziplin, die von den besten Folgen für das von ihm zu gründende Reich wurde. Es war ein Staatswesen, das den politischen, sozialen und religiösen Instinkten und Interessen der Araber die vollkommenste Rechnung trug, dem sie in Folge davon mit Begeisterung anhingen. Mohammed selbst ging seinen Stammesgenossen in Allem mit gutem Beispiel voran. Unermüdlich tätig, erteilte er jedem Ratschläge und Hilfe, der sich ihm nahte; dabei lebte er außerordentlich einfach und genügsam und unterschied sich in Aeußerlichkeiten in nichts von seinen Stammesgenossen.

Der Kampf für Ausbreitung des neuen Glaubens und des neuen Reichs begann mit der Unterwerfung einiger benachbarter arabischer und jüdischer Stämme. Der glückliche Ueberfall mehrerer großer Karawanen, der reiche Beute einbrachte, ward weiter als ein gutes Omen für den neuen Propheten ausgelegt und breitete seine Anhängerschaft in dem Maaße aus, wie sein Name an Glanz und Ruhm gewann. Innerhalb weniger Jahre hatte er sich alle Stämme in Mittel- und Südarabien, namentlich auch das reiche Land Yemen, unterworfen. Jezt zog er auch gegen seine ihm immer noch feindlich gesinnte Vaterstadt Mekka, um auch diese sich zu unterwerfen. Er schlug die Mekkaner und machte eine Anzahl ihrer hervorragendsten Häupter zu Gefangenen, er behandelte sie aber sehr milde und entließ sie zum Teil mit reichen Geschenken versehen. Sein Anhang, der namentlich in der ärmeren Volksklasse in Mekka schon vorhanden war, ward durch diesen klugen Schritt nur vermehrt. In der

Stadt fing man an zu begreifen, daß man auf die Dauer der Macht des neuen Propheten nicht zu widerstehen vermöge und es klüger sei, sich in Gutem zu verständigen, um das Ansehen der Stadt zu retten. Und als man erfuhr, daß Mohammed nichts ferner lag, als den Kaabakultus, auf dem das Ansehen und der Wohlstand der Stadt beruhte, wie man befürchtete, zu bekämpfen, Mohammed vielmehr entschlossen war, diesen Kultus in seinem Religionssystem aufrecht zu erhalten, um dessen Anhänger sich zu Freunden zu machen, da sank der Widerstand und die Stadt unterwarf sich. Das geschah im Jahre 8 der Hedschra (630 unserer Zeit).

Aber die Gesundheit des Propheten fing jezt an bedenklich zu werden. Die fortwährenden visionären und epileptischen Anfälle, die sich mit den Jahren steigerten und ihn regelmäßig in tiefen Schweiß versezten, die Mühen und Anstrengungen des Kampfes und der Organisirung des neuen Staatswesens, endlich die starken geschlechtlichen Genüsse, denen er sich in fortgeschrittenem Alter bei seinen neun Frauen hingab, untergruben seine Gesundheit. Im Jahre 10 der Hedschra unternahm er, schon schwer krank, die lezte Wallfahrt nach Mekka und regelte hierbei endgültig das Ceremoniell des Wallfahrtsdienstes, das von da ab bis auf den heutigen Tag beibehalten wurde.

Am 8. Juni 632 unserer Zeit verschied im Schooße seiner Lieblingsgattin Aïscha der Mann, dessen Name von da ab die Welt erfüllte.»Der größte Mann, den Asien je hervorgebracht und einer der größten, den die Welt je gesehen«, wie das Zeugnis lautet, das Buckle Mohammed ausstellt.

Nach seinem Tode entstand zwischen den Mohagirs und Ansârs Streit über die Nachfolge. Da entschied Omar, einer der Fluchtgenossen Mohammeds, den Streit, indem er auf Abu Bakr, den Schwiegervater des Propheten und an Jahren wie an Anhänglichkeit einer der ersten seiner Genossen, zueilte und ihm das Zeichen der Wahl, den Handschlag gab. Die Uebrigen folgten seinem Beispiel und der Streit war entschieden.

Abu Bakr ordnete einen Eroberungszug nach Syrien an, den schon Mohammed geplant. Der Erfolg war durchschlagend; ganz Syrien wurde erobert und unterworfen. Aber nach kaum zweijährigem Kalifat starb Abu Bakr und jezt folgte ihm Omar im Amte, derselbe, der durch sein rasches Eingreifen die Wahl Abu Bakrs entschieden hatte. Troz der Erfahrung, Umsicht und Tapferkeit, die Omar besaß, wie allgemein anerkannt wurde, fand seine Nachfolge bei den Ansârs in Medina Widerstand, die einen der Schwiegersöhne Mohammeds, Aly, als Kalif sehen wollten. Aber bei der außerordentlichen Popularität Omars wagte man nicht offen gegen ihn vorzugehen. Omar gelang es, das Reich über ganz Arabien, Syrien und Irak (Persien) bis an das kaspische Meer, und westwärts über Aegypten und Nordafrika auszudehnen. Omars Ruhm stieg gewaltig, aber er selbst blieb im extremen Gegensaz zu den späteren Kalifen, höchst einfach, und verschmähte es nicht, eines Tages ein von der Staatsheerde verirrtes Kameelfüllen im glühendsten Sonnenbrande und barhäuptig der Heerde zuzutreiben.

Es ist hier an der Zeit, auf das Steuer- und Militärsystem näher einzugehen, das Mohammed begründete und seine Nachfolger, insbesondere der energische Omar, weiter ausbildeten.

Arabien war und ist bis auf den heutigen Tag vorzugsweise ein Hirten- und Ackerbauland, soweit beides nicht die Wüste unmöglich macht. Ein lebhafter Handel und Verkehr hatte sich nur im Süden, im Lande Yemen, gebildet. Die wenigen Städte im Innern des Landes galten nur als Ruhe- und Durchgangspunkte für die Karawanen, das Gewerbe war wenig entwickelt. Bei so gearteten Kulturzuständen bestand der Hauptreichtum des Landes in seinen Heerden und war von jeher das vornehmste Nuztier des Arabers das Kameel. Es lieferte ihm nicht nur Milch und Fleisch für den Haushalt, es diente ihm auch namentlich als sicherster Führer und ungemein ausdauernder und anspruchsloser Lastträger in der Wüste. Das Kameel vermag nicht blos schwere Lasten zu tragen, es vermag auch Tage lang bei dem dürftigsten Futter und ohne Wasser – eine in der wasserarmen Wüste unschäzbare Eigenschaft – auszuhalten. Dabei besizt es einen ungemein scharfen Geruchs- und Ortssinn, so daß es auf Meilen Entfernung eine Quelle oder Wasserlache ausfindig macht und in der dunkelsten Nacht in der pfadlosen Wüste den Weg nach seinem Ziele findet. Ferner wittert es schon lange Zeit zuvor die zwar seltenen, aber dann in der Regel sehr plözlich und mit ungeheuren Wassergüssen hereinbrechenden Gewitter und ebenso jene heißen Wüstenorkane, den gefürchteten

Samum, der unter seinen ungeheuren Sandmassen Mensch und Tier und alles Lebende begräbt.

Alles das zusammen machte von Alters her das Kameel dem Araber äußerst wertvoll; es war für ihn der Wertmesser, an dem er seinen Reichtum und den Tauschwert alles dessen, was er besaß und besizen wollte, abschäzte. Die Abschäzung nach Kameelen war die Taxe, wonach Mohammed die Beiträge für die Armensteuer und den Staatsschaz bemaß.

Aus dem Ertrag der Steuern wurde bestritten: 1) die Unterstüzung der mittellosen Gläubigen – Mohammed hielt streng darauf, daß die Armen reichlich bedacht wurden und das wandte ihm ihre Sympatien zu –; 2) die Besoldung der Steuerbeamten; 3) die Ausrüstung unbemittelter Krieger.

Die Kriegsbeute ward derart verteilt, daß ein Fünftel dem Propheten, später dem Kalifen, zufiel und von diesem unter die Stammesgenossen des Propheten verteilt wurde; die übrigen vier Fünftel wurden unter die anderen Stämme verteilt, wobei Anfangs der Verwandtschaftsgrad zum Stamm und zur Familie des Propheten Berücksichtigung fand. Stämme, die sich in einem Kampfe besonders hervorgetan, erhielten auch einen größeren Anteil an der Beute, auch wurde ihnen manchmal der Grund und Boden neu eroberter Gebiete zur Verteilung unter sich überlassen.

Die Steuern: die Armentaxe und der Zehent, wurden in folgender Weise berechnet, ohne Rücksicht, ob es sich um Grund und Boden, Tiere, Geld oder Schmuckgegenstände handelte. Wer nicht mehr als vier Kameele oder deren Wert besaß, war steuerfrei, außer er gab freiwillig. von 5-24 Kameelen war ein Kameelschaf, von 25-35 ein weibliches Kameelfüllen, das im zweiten Jahre stand; von 36-45 ein dreijähriges, von 46-60 ein vierjähriges Kameel und so fort, zu geben.

Kühe waren bis 29 Stück, Schafe bis 39 Stück steuerfrei; von 30-39 Kühen war ein einjähriges Kalb, von 40 und mehr eine dreijährige Kuh zu geben und so fort. Von Schafen mußte von 40-120 ein Stück, von 121-200 zwei Stück u. s. w. gesteuert werden.

Um den Steuererhebern wie den Reichsangehörigen die Umrechnung zu erleichtern, war der Wert der Kameele auch in Kühe und

Schafe und in Geld eingeschäzt. Die Steuererheber waren angewiesen, dem Eigentümer nicht seine besten Tiere wegzunehmen, doch sollten sie auch nicht zu alte annehmen. Für die auf solche Weise dem Staate zugehenden lebenden Steuerobjekte gab es große Staatsweiden in den verschiedenen Territorien, auf welchen die Tiere unterhalten wurden. Mit der Entwicklung des Staatswesens aus patriarchalischen Zuständen in ein despotisches Regiment mit erheblichem Handel und Verkehr und ausgeprägter Geldwirtschaft, wurden die Steuern mehr in Geldform eingetrieben, nur der Zehent und die Grundsteuer wurden in Naturalien forterhoben.

Pferde, auf die bekanntlich der Araber einen hohen Wert legt, die er mit besonderer Sorgfalt hegt und pflegt, und bis zu einer sehr hohen Stufe der Veredelung gebracht hat, waren steuerfrei. Ebenso Sklaven, wenn diese zum eigenen Dienste gebraucht wurden. Wurden sie hingegen vermietet, oder leisteten sie ihren Herren gewisse Abgaben, wofür sie sich frei beschäftigen konnten, so wurden die Erträge wie das übrige Geldeinkommen zur Steuer herangezogen. Dasselbe galt auch von dem Erträgnis der Wohnungsvermietungen. Geldeinkommen war bis zu 20 Dynar – der Dynar gleich 11 Dirham, der Dirham gleich 80 Pfennige – also bis zu 160 Mark steuerfrei; alsdann wurde ein Viertel des Zehnten, zwei und ein halb von Hundert, erhoben. Dieselbe Steuer mußte vom Goldschmuck geleistet werden und vom Ertrag der Minen und Bergwerke. Von Schäzen, die in der Erde gefunden wurden, beanspruchte der Staat ein Fünftel.

Gleich den Pferden waren auch sonstige Haustiere – Ziegen, Geflügel – steuerfrei. Von den Bodenprodukten wurde der Zehnt erhoben und dieser ergab namentlich in dem fruchtbaren Südwesten Arabiens – im Yemen – sehr bedeutende Erträge. Dort giebt der Boden Alles und in reichster Fülle. Weizen, Gerste, die Durra, Reis, Datteln und Wein wachsen im Ueberfluß. Ferner werden Melonen, Gurken, indische Feigen, Bananen, Oliven- und Citronenbäume und zahlreiche Sträucher und Bäume, die kostbare Harze und Balsame lieferten – die Aloë, das Olibanum, der Tamarinden-, Balsam- und Weihrauchbaum – angebaut. Akazienarten lieferten das arabische Gummi, die Kaffeestauden den Kaffee.

Doch waren die meisten dieser Erzeugnisse zehntenfrei, nur Körnerfrüchte, Gemüse, Datteln und Oliven waren dem Zent unterworfen. Auf Körnerfrüchte sezte Omar später die Steuer auf die Hälfte herab.

Die Schuzbefohlenen (Klienten), also Diejenigen die sich vor der Eroberung oder durch Kapitulation unterworfen hatten, leisteten außerdem die Kopf- und Grundsteuer. Für die Kopfsteuer gab es drei Klassen. Die erste für die Reichen mit 4 Dynar pro Jahr (32 Mark), die zweite für die mittlere Schicht mit 2 Dynar (16 Mark), die dritte für die Minderbemittelten mit 1 Dynar (8 Mark). Als Steuerquittung wurden Bleimarken ausgegeben, die der Steuernde sichtbar an einer Schnur um den Hals zu tragen hatte.

In einer höchst praktischen und für die Besteuerten gerechten Weise war die Grundsteuer auferlegt. Diese wurde nach genauer Ausmessung des Landes nach der Größe, der Fruchtbarkeit und nach der Art der Bebauung des Bodens bemessen. So zahlte z. B. ein Garyb Boden (1169,68 qm) mit Zuckerrohr bepflanzt 6 Dirham, das gleiche Feld mit Weizen bebaut 4 Dirham, mit Gerste 2 Dirham. Ging die Ernte ohne Verschulden des Besizers zu Grunde, *so war keine Steuer zu entrichten*, trug der Staat die Schuld, indem z. B. durch Dammbrüche Ueberschwemmungen entstanden, *so war dieser verpflichtet, auf seine Kosten den Schaden ausbessern zu lassen.*

Da das Gesez bestimmte, daß zum Islam Uebergetretene von der Grund- und Kopfsteuer befreit sein sollten und, wie der echte Moslem, nur den Zehnten und die Armentaxe zu geben hätten, so war dies ein mächtiger Antrieb, die Bekehrung zu beschleunigen. Die materiellen Vorteile haben zu allen Zeiten und unter allen Zonen auf die größte Mehrzahl der Menschen weit eindrucksvoller gewirkt, als alle noch so schönen Glaubenssäze und Dogmen. Die Bekehrungen wurden infolge dessen mit der Zeit so massenhaft, daß die Staatseinkünfte bedeutend geschmälert wurden und spätere Kalifen sich veranlaßt sahen, diese Prämien aufzuheben, d. h. die Steuern fortbestehen zu lassen. Welcher Unterschied gegen das Christentum. Lezteres hatte, sobald es ein abergläubiges Volk unterworfen, nichts eiligeres zu tun, als die Unterworfenen mit Gewalt zum christlichen Glauben zu zwingen, den Mohammedanern war dieser Glaubenswechsel gleichgiltig, wenn er der Staatskasse Schaden brachte.

Man muß allerdings festhalten, daß die geschilderten Einrichtungen im Laufe der Zeit, ohne daß sich der Zeitpunkt genau in jedem einzelnen Falle nachweisen läßt, bedeutenden Aenderungen unterworfen wurde. Nahm ja das ganze Staatswesen mit der Zeit wesentlich andere Gestalt an, denn das Reich gewann in weniger als zwei Jahrhunderten eine Ausdehnung, die selbst jene des großen römischen Weltreichs übertraf und konnte schließlich unmöglich von einem Zentralpunkt aus noch beherrscht werden.

Den großen Umfang, den das Reich schon zu Omars Zeit erlangte, veranlaßte diesen, Einrichtungen zu treffen, respektive seinem Nachfolger zu empfehlen, welche jede Kraftzersplitterung vermeiden und namentlich verhindern sollten, daß das eigentlich herrschende Volk, die Araber, sich in der Masse der Beherrschten verlöre und aufgesogen würde.

Omar und seine Nachfolger errichteten nämlich in den verschiedenen Provinzen des weiten Reichs große militärische Standlager, in welche die Araber mit ihren Familien versezt wurden. Das war auf lange ein sehr zweckmäßiges Mittel, die Zersplitterung und das Erdrücktwerden des herrschenden Volkes unter der Masse der übrigen Bevölkerungen zu verhüten.

Diese militärischen Standquartiere, die strategisch und geographisch günstig lagen, entwickelten sich in kurzer Zeit zu mächtigen Städten, so z. B. Kufa und Bassora. Der unterworfenen Bevölkerung war die Verpflichtung auferlegt, die Naturallieferungen für diese Heere zu leisten, außerdem erhielten sie aus dem Staatsschaz reichliche Besoldungen und beide waren so bemessen, daß sie sich *nach der Kopfzahl der Familienmitglieder* richteten. Diese Maßregel war also darauf bedacht, die *rasche Vermehrung* des herrschenden Volks, von der sein dauernder Einfluß abhing, zu befördern und sie wurde noch mehr dadurch begünstigt, daß Sitte und Gesez die Annahme mehrerer Frauen gestattete.

Allein in diesem lezteren, anfangs so günstig wirkenden Umstande lag zugleich auch eine große Gefahr. Die Araber konnten die nötige Zahl der Frauen nicht aus dem eigenen Volke entnehmen; sie nahmen also die Frauen der besiegten und unterworfenen Völker an und damit begann die Blutsvermischung und Karakterverderbnis, die später so unheilvoll wirkte.

Anfangs freilich waren die separatistischen Neigungen noch so stark, daß selbst in diesen militärischen Standlagern die Stämme sich untereinander abschieden und jeder Stamm sein besonderes Zeltlager hatte, und die einzelnen Viertel in den Städten sogar durch Mauern und Pforten geschieden waren.

Omar, mit diesen Maßregeln noch nicht zufrieden, ordnete ferner an, daß die Araber in den eroberten Ländern von allem Grundbesiz ausgeschlossen sein sollten. Er wollte deren Seßhaftigkeit verhindern. Er sagte sich, daß, sobald sein Volk durch Seßhaftigkeit an einen bestimmten Boden gefesselt sei, die kriegerische Lust, wie das Volks- und Stammesbewußtsein empfindlich geschwächt würden, eine Menge anderer Interessen sich erzeugten und der Staatsgewalt die beliebige Verfügung über die Kräfte verloren gehen müßten. Allein der Staatsklugheit ward schließlich doch durch die stärker wirkenden Faktoren besiegt. In dem Maße wie die arabische Sprache die allgemeine Umgangs- und Verkehrssprache im ganzen Reiche wurde, die Araber im Genuß verweichlichten, die Vermischung mit den anderen Völkern, namentlich durch die Frauen, zunahm, hörte die klüglich ersonnene Abgeschlossenheit auf, dem Verschmelzungsprozeß war kein Einhalt mehr zu thun. Die schlimmen Einwirkungen der unter alten Kulturen zugrunde gegangenen Aegypter, Perser, Syrer, u. s. w. überwogen die günstigen Karaktereigenschaften der naturwüchsigen Araber.

Omar starb im Jahre 644; ihm folgte Osman, ein Tochtermann Mohammeds, im Kalifat. Alys Anhänger wurden durch diese abermalige Zurückdrängung ihres Kandidaten gegenüber dem ziemlich unbedeutenden Osman aufs äußerste gereizt. 656 ward Osman, 82 Jahre alt, in der Moschee ermordet und zwar, wie seine Anhänger behaupten, auf Anstiften Alys und seines Anhangs. Es kam zu offener Spaltung und Kampf. Die eine Seite wählte Aly, die andere den Vetter Osmans, Moawija, Statthalter von Syrien, zum Kalifen. Die Anhänger der lezteren nannten sich Sunniten, jene Alys Schiiten. Anfangs war Aly gegen Moawija im Vorteil, aber er wurde im Jahr 660 ermordet, wohingegen ein gleichzeitig unternommener Mordversuch auf Moawija mißlang. So behauptete dieser das Feld. Doch währte der Kampf zwischen Schiiten und Sunniten durch die ganze Geschichte des Islams fort und besteht heute noch z. B. in Persien, wo die Anhänger Alys besonders stark vertreten sind.

Moawija legte die Residenz der Kalifen von dem schiitisch gesinnten Medina nach Damaskus, das von nun an bis zum Jahre 128 der Hedschra (750 unserer Zeit) die Residenz seiner Nachfolger, der Omajjaden, blieb. Mit Omawija und den Omajjaden kam die mekkanische Aristokratie im Reich zu Macht und Einfluß.

Es kann nicht Zweck dieser Darstellung sein, sie Regierungsweise der einzelnen Kalifen zu schildern; es genügt, sie kurz der Reihe nach aufzuführen. Meist regierten sie nur kurze Zeit, da der Kalifentron ein gefährlicher Plaz wurde, um dessen Besezung sich die nächsten Verwandten in eifersüchtigen Kämpfen stritten, weil jeder den Glanz und die Macht genießen wollte. Ein ererbtes Anrecht gabs nicht, die Wahl sollte entscheiden. So blieben Palast- und Landesrevolutionen nicht aus und waren Mordtaten und blutige innere Kriege nichts seltenes.

Auf Moawija, der von 600-680 am Ruder war, folgte Jazid I., der bis 683 das Kalifat innehatte; ihm folgte Moawija II., der noch in demselben Jahre verschwand und Merwan Plaz machte, der aber auch nur bis 685 regierte. Abdulmalik, der nun an die Reihe kam, regierte volle zwanzig Jahre, bis 705, worauf Walyd I. von 705-715 das Kalifat besezte, unter dem das Reich wiederum eine gewaltige Ausdehnung erlangte, indem 707 Turkestan, 710 Galatien und 711 Spanien erobert wurden. Unter Suleiman, der von 715-717 herrschte, wurde Georgien erobert; Omar II. folgte von 715-720, darauf Jazyd II von 720-724, Hyscham von 724-743, unter dem die Omajjaden-Dynastie ihren höchsten Glanz entfaltete, in dessen Regierungszeit aber auch zwei gewaltige Niederlagen der arabischen Heere fielen, die bis an die Loire im mittleren Frankreich von Spanien aus vorgedrungen waren. Dies waren die Niederlagen bei Tours 732 und bei Narbonne 736 durch Karl Martell, wodurch die Araber für immer vom französischen Boden zurückgewiesen wurden.

– – – – –

Die Hauptmacht des Reichs, der es seine räumliche Größe zu verdanken hatte, war nach dem bisher schon Ausgeführten das Heer. Es bestand die ausgedehnteste allgemeine Wehrpflicht; jeder waffenfähige Mann war verpflichtet, wenn das Aufgebot an seinen Stamm erging, dem Rufe Folge zu leisten. Zwangsmaßregeln bedurfte es dazu nicht. Der kriegerische Geist der Araber und die Aussicht auf Ruhm, Ehre und Beute waren Triebfedern, die keine Aneiferung nötig machten. Mit den irdischen Vorteilen verbanden sich himmlische. Mohammed hatte dem im Kampfe für die heilige Religion fallenden Krieger das künftige Leben so verlockend dargestellt, daß dieses ihm nur als eine Fortsezung der höchsten Genüsse erschien, die er sich hier auf Erden durch den Kampf erwerben konnte. Der Araber, höchst einfach in seinen Ansprüchen und in seiner Lebensweise, ist nur im Punkte der Liebe äußerst empfänglich und schwer zu befriedigen. Eine schöne Frau steht ihm über allem; für sie sezt er jeden Augenblick sein Leben ein. Nun, nach der Lehre Mohammeds fehlte es im Paradiese an schönen Frauen nicht. Schwarzäugige Huris von blendender Weiße der Haut und den herrlichsten Formen erwarteten ihn dort, um ihm die höchste Seligkeit zu bieten. Auch alle anderen Genüsse, Tanz und Musik, die prächtigsten Paläste und Gärten wurden ihm dort in Aussicht gestellt. Vor Mohammed kannte der Araber kein Fortleben nach dem Tode, so wenig als dies in der Vorzeit die Juden kannten. Die Lehre vom künftigen Leben entnahm augenscheinlich Mohammed dem Christentum, nur daß er dieses künftige Leben in seiner Weise und nach dem Geschmack seines Volks sich ausmalte. Auch die Christen haben Jahrhunderte lang sich dieses künftige Reich Gottes nicht anders als in sehr materieller Gestalt, ausgestattet mit den höchsten irdischen Genüssen, vorstellen können. Warum sollte der Araber, nachdem er schon hienieden sein Teil an irdischen Genüssen gekostet, nicht auch die himmlischen, die so sehr seinen schönsten Träumen entsprachen, mit in den Kauf nehmen? Der Mensch ist Egoist; er begreift nicht, warum die Welt da ist, wenn sie nicht seinetwegen da sein soll, folglich kann und darf sein Leben auch kein Ende haben, damit er die Welt gründlich genießen kann. Geht das in diesem Leben nicht, so schafft er sich die Aussicht auf das künftige. Diese einfache Logik ist so einleuchtend und vom menschlichegoistischen Standpunkt aus so natürlich, daß man sich nicht wundern darf, wenn solche Lehren leicht Gläubige finden. Imgrunde genommen ist die Spekulation auf das transzendente künftige Leben nur die Umschreibung des sehr egoistischen Wunsches, ewig zu leben. Die transzendenten Idealisten sind die gröbsten Materialisten.

In den ersten Jahrhunderten fehlte es dem Araberreich nicht an Kriegen; die Frauen halfen sogar bei der Ausrüstung eifrig mit. Aber in dem Maße, wie die Kultur stieg und das Wohlleben um sich griff, verlor der kriegerische Geist an Stärke und die späteren Kalifen waren genötigt, Söldnerheere aufzustellen. Unter den lezten Omajjaden betrug deren Stärke 60 000 Mann, unter dem Abbasiden Harun al Raschid sogar 135 000 Mann. Das Fußvolk bestand zu einem Teil aus Bogenschüzen, zu denen man besonders gern die nubischen Stämme Afrikas nahm, weil sie außerordentlich flink und gewandt und im Bogenschießen sehr geübt waren; der andere Teil war mit kurzem und langem Speer, einem graden Säbel und einem kleinen runden Schild zum Auffangen der Speerwürfe oder Schwerthiebe bewaffnet. Streitäxte waren ebenfalls im Gebrauch. Fußgänger und Reiter trugen einen ledernen Helm und leztere krumme Säbel. Der Fußsoldat erhielt jährlich wenigstens 600 Dirham gleich 480 Mark, der Reiter das Doppelte an Sold, ohne die Naturallieferungen.

Als die Gewerbe sich entwickelten und der Reichtum der Herrschenden ins Riesenhafte wuchs, steigerte sich auch die Prachtliebe an den Waffen und Ausrüstungsgegenständen. Die Helme und Harnische, die Säbelscheiden und Wehrgehänge, wie das Sattelzeug der Pferde und die Beschirrung der Kameele wurden in künstlerischester Weise aus den besten Stoffen und Metallen gefertigt und sehr häufig mit edlen Metallen und Steinen verziert und ausgelegt. Zur Kleidung wählte man glänzend helle und farbige Stoffe.

In der Waffenfabrikation zeichnete sich anfangs Yemen aus, das aber später von Damaskus überflügelt wurde. Die Damaszener Klingen erwarben sich einen Weltruf.

Das Kameel wurde auch im Kriege als Lasttier gebraucht; es trug die Zelte, die Kriegsmaschinen zum Einrennen der Mauern und Tore und den Proviant. Galt es hingegen, größere Truppenmassen rasch fortzuschaffen, so dienten Kameele als Reittiere für die Fußtruppen, eben so nahm bei kürzeren aber raschen Märschen jeder Reiter einen Fußsoldaten hinter sich aufs Pferd. So ausgerüstet wurden die Araber die ersten Soldaten der Welt, deren bloßer Name Angst und Schrecken verbreitete und die lange für unbesiegbar galten.

Auch im Schiffbauwesen bildeten sich die Araber rasch aus. Es fehlte ihnen weder an Geschick für den Schiffsbau, noch an Muth für das Seegefecht. Die Schiffe wurden vermittelst Ruder in Bewegung gesezt und es gab solche, die 200 Mann faßten, von denen 50 ruderten, die anderen bewaffnet auf einem erhöhten Verdeck standen und von hier aus das feindliche Schiff angriffen. In Jahr 32 der Hedschra (654 unserer Zeit) besaßen sie bereits 200 Schiffe und schlugen in diesem Jahre die 600 Schiffe zählende Flotte des griechischen Kaisers an der lykischen Küste und eroberten oder vernichteten sie zum größten Teil. Der Kaiser selbst entging nur mit genauer Not der Gefangenschaft. Einige Jahre zuvor hatten sie bereits die Insel Cypern besezt und dem Reiche einverleibt. In der lezten Hälfte des neunten Jahrhunderts sezten sie nach Sizilien über und eroberten es, wie sie hundertundfünfzig Jahre früher über die Straße von Gibraltar nach Spanien übergesezt waren und dort ein glänzendes Reich gegründet hatten. Ihre Schiffahrt dehnte sich bald über das ganze mittelländische Meer und einen Teil des atlantischen Ozeans aus, wohingegen sie von der südlichen Seite Arabiens und von Irak aus den indischen Ocean und das chinesische Meer befuhren, die Küsten Indiens, Chinas und Japans, die Ostküste Afrikas und die Inseln des indischen und teilweise des stillen Ozeans besuchten. Ausdrücke wie Admiral, Arsenal, Kabel, Korvette, sind aus der arabischen Sprache in die abendländischen Sprachen übergegangen. Um den Eifer der Seetruppen anzufeuern, waren ihr vier Fünftel der Beute zugesprochen. Durch solche Aussichten angeeifert, geschah es, daß die arabischen Krieger zur See bald ebenso gefürchtet waren, als jene zu Lande.

Neben dem regulären Heere gab es Freiwillige: Beduinen, Bauern, Städter. Doch erhielten diese keine Besoldung, sondern bezogen aus dem sogenannten Sodakahfond eine Unterstüzung für Reise und Ausrüstung, und erhielten aus de Beute ihren Anteil. Verlor der Krieger in Kampfe seine Waffen oder sein Tier, so bekam er beides ersetzt, es sei denn, daß er mit der ausdrücklichen Bedingung eingetreten war, für Alles selbst aufzukommen. Witwen und Waisen der Gefallenen und Gestorbenen hatten Anspruch auf Staatsunterstüzung, auch mußte den Hinterlassenen der rückständige Sold ausbezahlt werden.

Als Kriegsregel galt, daß Geiseln nicht getödtet werden durften, auch wenn der gegnerische Teil sein Wort brach. Die ersten und bedeutendsten Juristen stellten den Grundsaz auf: es sei ehrenvoller, den Vertragsbruch zu erleiden, als Verrat mit Verrat zu vergelten. Sobald der Krieg ausbrach, sollten die Geiseln entlassen werden. Daß solche Bestimmungen nicht immer gehalten wurden, ist sicher; aber es zeugt von einem hohen und humanen Geiste, daß solche Rechtsregeln überhaupt gelehrt und staatlich anerkannt wurden. Wie häufig werden auch heute noch bei uns anerkannte Rechtsregeln mit Füßen getreten und wir sind tausend Jahre weiter.

Den gefangenen Feind durfte der Krieger tödten, einerlei ob er ihn auf dem Schlachtfeld oder später vernichtete; sobald er gegen den Moslimen gekämpft, hatte er sein Leben verwirkt. Dagegen war es verboten, Frauen, Kinder, Dienstleute, Sklaven zu tödten. Auch sollte der Feind nicht gemartet oder lebend verbrannt oder die Leiche verstümmelt werden. Nahm dagegen der ungläubige Feind, und sei es selbst auf dem Schlachtfeld, den Islam an, so erwarb er für sich und seine Angehörigen volle Sicherheit und Schuz. Ward der Feind überwunden und gefangen genommen, so gehörte er wie seine gefangenen Angehörigen dem Sieger an. Die Gefangenen, Männer wie Frauen, wurden als Sklaven betrachtet und öfter verkauft. Doch konnte der Sieger auch ein Lösegeld annehmen oder ihnen freiwillig die Freiheit geben. Die Heerführer durften Gefangene nur mit Zustimmung ihrer Soldaten freigeben, da sie diesen als Beuteanteil verfallen waren. Kinder sollten nicht von ihrer Mutter in der Sklaverei getrennt werden und sollte kein Moslimen eine Frau zum Weibe nehmen, wenn der Mann gleichzeitig mit ihr in Gefangenschaft geraten war.

Bei Beginn der Schlacht geschah es in der Regel, daß hervorragende Krieger vor die Front ritten und mit lauter Stimme ebenbürtige Gegner zum Zweikampfe herausforderten. Blieb eine solche Herausforderung unbeantwortet, so galt dies für die gegnerische Partei als der härteste und größte Schimpf und als sicheres Vorzeichen ihrer Niederlage. Weigerte sich ein Krieger zu fechten, so verlor er den Sold und jeden Anspruch auf Beute. Diese nach den heutigen militärischen Auffassungen außerordentlich milde Strafe scheint ihre Milde nur dem Umstand verdankt zu haben, daß sie überhaupt nicht angewandt zu werden brauchte, weil ein solcher Fall unerhört war; sicher so lange, als es sich um arabische Krieger handelte. Wahrscheinlich ist, daß diese Bestimmung hauptsächlich für solche galt, welche auf Seiten der Moslimen fochten, aber in einem Kriege gegen ihre eigenen nächsten Angehörigen und Glaubensgenossen nicht zu kämpfen verpflichtet sein sollten.

Bei Anlegung der schon erwähnten militärischen Standlager wählte man nicht nur strategisch wichtige Punkte, sondern sah auch darauf, daß dieselben gesund und in unmittelbarer Nähe fruchtbaren Bodens und entsprechenden Wasserreichtums lagen. Neben Kufa und Bassora in Irak waren Damaskus, Filistyn und Tiberias in Syrien und Palästina, Askar-Mokram in Schuzistan, Schiraz in Farsistan, Mansura in Sind, Marw in Transoxanien, Fostat (Kairo) und Alexandrien in Aegypten, Barka und Kairawan in Nordafrika solche Standlager. Kufa und Bassora stelten allein je 20 000 Mann ins Feld.

Obgleich man sich lange sträubte, den Soldaten den Ackerbau zu gestatten, so zwang in späterer Zeit, ganz abgesehen von noch anderen Ursachen, die Not dazu. Die Gelder gingen nicht mehr in der bisher gewohnten und benötigten Weise ein, wozu eine ganze Reihe von Umständen mitwirkte. Man war jezt genötigt, ihnen statt des Soldes Ländereien in Anbau zu geben, die sie aber Anfangs nicht selbst bebauen durften, sondern in Pacht geben mußten.

Mit der sich verändernden politischen Organisation des Staatswesens, in Folge seines gewaltigen Umfanges, änderten sich noch weiter die militärischen Einrichtungen. Die Kalifen waren genötigt, da sie unmöglich Alles selbst sehen und leiten konnten, über die einzelnen Länder und Territorien Statthalter zu sezen. Diese waren die Heerführer in den betreffenden Provinzen. Die Vollmachten dieser Statthalter waren sehr ausgedehnt, und eine der vornehmsten war, wenn es Statthalter mit unbeschränkter Vollmacht betraf, die gesammte Leitung und Organisirung des Militärwesens in der Hand zu haben. Sie konnten die Truppen stationiren und verteilen, wie sie es für notwendig hielten, sie waren Führer in den Kriegen, die mit benachbarten Feinden ausbrachen und verteilten demgemäß den Sold und die Beute, nachdem sie das dem Staate zukommende Fünftel zurückbehalten hatten. Für die Statthalter lag die Versuchung nahe, ihre Stellung dauernd und, wenn es sein mußte, gegen den Willen des Kalifen in Händen zu behalten, und für einen solchen Zweck war eine gefügige Armee das geeignetste Mittel. Deren Gunst sich zu erhalten wurde also ihre Hauptsorge. Und da an dem Befinden eines Landes seine eigenen Einwohner zunächst das lebhafteste Interesse haben, so war damit für die Statthalter der Wink gegeben, ihre Armeen möglichst aus Einheimischen zu rekrutiren. Auf diese Art entstanden allmälich Territorialarmeen, aus denen das arabische Element mehr und mehr verdrängt wurde.

Aber auch am Kalifenhof veränderte sich mit der Zeit die Situation. Die ewigen Eifersüchteleien, die offenen und geheimen Kämpfe, wo ein Familienmitglied das andere mit jedem zum Ziel führenden Mittel zu beseitigen suchte, ließen es jedem Kalifen als höchst wünschenswert erscheinen, sich mit einer Schuzwache zu umgeben, auf deren unbedingte Unterstüzung er glaubte zählen zu dürfen. Anfangs versuchte man die Praxis, verschiedene Stämme in die Residenz zu legen, deren gegenseitige Eifersucht man nährte, um keinen zu mächtig werden zu lassen. Aber als es vorkam, daß die Kalifen selbst oftmals kein reines Araberblut mehr in ihren Adern hatten und an persischem Wesen und raffinirten wollüstigen persischen Sitten übermäßig Geschmack fanden und verweichlichten, war dieses Mittel zu gefährlich. Schon unter den ersten Abbasiden, die von 750 an das Kalifat von Bagdad inne hatten, war die Leibgarde wesentlich aus Berbern gebildet, bereits standen aber auch schon seldschuksche Türken und Tataren in ihrem Dienst.

Zulezt war es fast Regel, daß die Kalifen irgend eine schöne Sklavin zur Mutter hatten, deren Einfluß sie den Tron verdankten. Daraus entstanden aber Rivalen in Menge. Jede Sklavin, die von einem Kalifen oder einem Prinzen einen Sohn besaß, hielt diesen ebenso berechtigt für den Tron, wie den Sohn der Nebenbuhlerin. Verschwörungen und Palastrevolutionen drängten einander; in einer ergebenen Leibgarde erschien den bedrohten Kalifen der einzige Schuz. Türken, von ihren eigenen Offizieren kommandirt, von den Kalifen mit Ehren überschüttet und verhätschelt, bildeten diese zulezt ausschließlich. Aber diese Leibgarde wurde statt eines Schuzes später auch eine Gefahr. Jeder, der nach der Macht trachtete, suchte sich derselben durch Bestechungen und Versprechungen zu versichern. Die auf viele tausend Köpfe sich belaufende Leibgarde wurde, ganz wie im römischen Reich die Prätorianer, eine käufliche Horde, die Kalifen ein- und absezte. Der Zerfall des Reiches war offenbar.

III. Staatsverwaltung und Gesezgebung.

Mohammed und die ersten Kalifen waren alles in einer Person: Kriegsherren, Hohepriester, Finanzverwalter und Richter. Handelte es sich um wichtige Angelegenheiten, so wurden die Erfahrensten zusammenberufen und mit ihnen gemeinsam beratschlagt. Doch die rasche Ausdehnung des Reiches machte diesem patriachalischen Zustand bald ein Ende. Omar I. war schon genötigt, eine Rechnungskanzlei einzurichten, die das Steuer- und Finanzwesen unter sich hatte. Moawija gründete auch eine Staatskanzlei, welche die Korrespondenz mit den Statthaltern und den Heerführern zu besorgen hatte, denn bereits hatte sich Omar genötigt gesehen, in den einzelnen Provinzen Statthalter zu ernennen. Der Umfang und Siz dieser Statthaltereien wie die Machtbefugnisse derselben wechselten häufig. Jeder Kalife nahm ihm gutdünkende Aenderungen vor und oft hatten diese keine andere Veranlassung, als rein persönliche Rücksichten auf den, der eben den Posten inne hatte. Laune, Gunst und Fraueneinfluß spielten bei Besezung der Posten ihre Rolle.

Die Statthalterschaft teilte sich in die beschränkte und unbeschränkte. Die unbeschränkte erlaubte dem Statthalter, nach Belieben in seinem Territorium zu schalten und zu walten; er war nur verpflichtet, den Ueberschuß der Staatseinnahmen an die Kasse des Kalifen abzuliefern. Welche Willkür hierbei möglich war, braucht nicht hervorgehoben zu werden. Neben der obersten Leitung des gesammten Militär- und Kriegswesens, lag dem Statthalter die Aufsicht über die Rechtspflege und die Erneuerung der Richter (Kadi) ob; er ernannte die Steuerbeamten, schrieb die Steuern aus und ordnete die Art ihrer Erhebung an. Die öffentliche Sicherheitspflege (Polizei) war ihm unterstellt und ebenso galt er als der Beschüzer der Religion und hatte das offizielle Freitagsgebet und die Predigt in der Moschee zu halten. Der Mohammedaner feiert den Freitag als heiligen Tag der Woche, wie der Jude den Samstag, der Christ den Sonntag. Ferner hatte er die Ordnungen für die jährliche große Pilgerkarawane nach Mekka zu treffen und für ihre Sicherheit und glückliche Rückkehr zu sorgen. Die beschränkte Statthalterschaft unterschied sich von der ersteren dadurch, daß sie alle diese amtlichen Funktionen nach den Weisungen der Kalifen auszuführen

hatte. Die einzelnen Statthalter ernannten häufig wieder Unterstatthalter, die sich nach ihren Weisungen zu richten hatten und in allem
von ihnen abhingen. Starb der Statthalter oder verlor er aus irgend-
einem Grunde seinen Posten, so waren auch alle diejenigen ihres
Postens verlustig, die ihm ihre Ernennung verdankten, es sei denn,
daß der Nachfolger sie im Amt bestätigte. Auch kam der Mißbrauch
auf, daß sich die Höflinge mit einer Statthalterschaft belehnen ließen, selbst aber den Posten nicht versahen, sondern ihn durch einen
Bevollmächtigten verwalten ließen, der ihnen eine bestimmte Ein-
nahme sicherte.

Da troz dieser Dezentralisation der Verwaltung die Geschäfte an
deren Zentralsiz sich so häuften, daß der Kalife allein sie nicht über-
sehen konnte, dieser auch nicht selten zu unfähig oder zu träge
dazu war, und es vorzog, seinen Vergnügungen und Schwelgereien
obzuliegen, so entstand unter den Abbasiden das Wezyrat. Der
Wezyr war nach unseren heutigen Begriffen eine Art Reichskanzler,
der, wenn er im Besiz des unbeschränkten Wezyrats sich befand,
ganz wie der Herrscher selbst alles anordnen konnte, mit Ausnahme der Tronfolge, die zu bestimmen allerdings auch nicht in den
Händen der Kalifen lag, denn in den seltensten Fällen folgte ihm ein
Sohn in der Regierung nach. Grundsäzlich hing das Kalifat von der
Wahl der Stämme ab; aber dazu kam es später nie. Das Parteiwesen,
der glückliche Zufall oder die Entschlossenheit eines Bewerbers und
seines Anhangs gaben in der Regel den Ausschlag.

Der unbeschränkte Wezyr, auch Großwezyr genannt, hatte über
seine Handlungen einfach dem Kalifen Bericht zu erstatten; doch
mußte er darauf bedacht sein, sich die Gunst seines Herrn, der in
der Regel sehr launenhaft war, zu erhalten. Daher konnten nur
Männer mit Aussicht auf Erfolg einen solchen Posten bekleiden, die
es verstanden, sich in allen Lagen des Hoflebens zurechtzufinden
und allen Intriguen die Spize zu bieten, andrerseits durch Ge-
schäftskenntnis sich auszeichneten. Von einem tüchtigen Wezyr
erwartete man, daß er Geist und Wiz habe, ein angenehmer Gesell-
schafter und ein schlagfertiger Redner sei, auch sich auf die damals
üblichen gesellschaftlichen Vergnügungen und Spiele verstehe und
namentlich in den vornehmsten Wissenschaften, in der Grammatik
und Matematik, der Medizin und Geschichte, und in Poesie und
Astrologie einigermaßen bewandert sei. Und doch retteten ihn oft-

mals alle diese Tugenden nicht vor einem plözlichen Sturz, bei dem nicht nur sein Leben bedroht war, sondern in der Regel auch sein Vermögen zum Besten des Schazes des Kalifen konfiszirt wurde. Ja, bei einigen der Kalifen war es Prinzip, jedem abgesezten Beamten das Vermögen einzuziehen. Auch verführte der Umstand, daß viele der höheren Beamten es verstanden, in kurzer Zeit riesige Vermögen zu erpressen, die Kalifen zu ihrer Amtsentsezung und Vermögenseinziehung, um den eignen leer gewordenen Schaz für eine Weile zu füllen.

Der gewöhnliche, mit beschränkter Vollmacht versehene Wezyr, bildete die Mittelsperson zwischen dem Kalifen und den übrigen Staatsorganen. Er bedurfte zu allen wesentlichen Amtshandlungen der Zustimmung des Kalifen, wie er ihm über alle vorkommenden Angelegenheiten Bericht zu erstatten hatte. Zu diesem Wezyrposten gelangten sogar Christen und Juden, sehr zum Aerger der strenggläubigen Moslimen, die in einem Falle, der einen Juden betraf, sich in folgendem Gedicht Luft machten:

Die Juden unserer Zeiten erreichten
Das Ziel ihres Sehnens und kamen zur Herrschaft,
Ihrer ist das Ansehen, ihrer ist das Geld!
Aus ihnen macht man Staatsräte und Prinzen;
O Volk Aegyptens! ich gebe dir den Rath,
Werde jüdisch, denn der Himmel selbst ist jüdisch geworden.

Der Antisemitismus unserer Tage ist nicht neuen Ursprungs.

Bei dem Verfall des Reichs waren die Kalifen manchmal genötigt, Statthalter wider ihren Willen anzuerkennen, wenn diese mit Waffengewalt sich in den Besiz eines Territoriums gebracht. Man gab ihnen die Bestätigung, um nicht den Tribut aus dem bezüglichen Lande gänzlich zu verlieren.

Mit den Einnahmen sah es freilich später schlimm aus. Um das Jahr 780 flossen jährlich 410 Millionen Dirham, gleich 328 Millionen Mark in den Schaz. Um 820 waren diese auf 371 Millionen gesunken und sie betrugen 894 nur noch 293 Millionen, aber 915 soll der Schaz nur noch 24 Millionen empfangen haben. Harun al Raschid hinterließ im Jahre 809 im Schaz 900 Millionen Dirham, die aber seine Nachfolger bald alle machten.

Beständige Kriege nach Außen, die Ackerbau und Gewerben die Arbeitskräfte entzogen, Bürgerkriege und innere Unruhen, die ganze Provinzen verwüsteten und die Wasserleitungen, jene Lebensquellen für die Vegetation im Orient, zerstörten, das Loslösen großer Territorien unter sich selbständigmachenden Fürsten, Weigerung der Statthalter, die üblichen Tribute abzuführen, endlich maßlose Aussaugungen und Bedrückungen seitens der Kalifen und Statthalter, Hand in Hand gehend mit unsinniger Verschwendung, das waren in der Hauptsache die Ursachen, welche die Verminderung der Staatseinnahmen erzeugten.

In der guten Zeit des Reichs fehlte es nicht an zum Teil ganz vortrefflichen Staatseinrichtungen. In allen Provinzen gab es Postmeister, die neben der Leitung und Ueberwachung des Postwesens die Kontrole über die Statthalter übten, und alle ihre Beobachtungen und Wahrnehmungen über deren Verhalten und ihre Maßnahmen direkt dem Kalifen sandten. Die Berichte dieser Postmeister umfaßten den Zustand des Militärwesens, der Staatsdomänen, die finanzielle Lage, das Münzwesen, den Zustand der Heerstraßen und die Lage der Bevölkerung. Ein solcher General-Berichterstatter war für die Zentralregierung äußerst wichtig, sein Posten war aber gegenüber gewalttätigen Provinzialbeamten nicht immer ungefährlich.

Das Postwesen war im Kalifenreich sehr frühzeitig und verhältnismäßig vollkommen organisirt und wurden dafür bedeutende Ausgaben aus der Staatskasse gemacht.

Unter dem Kalifen Mutamid (870-892) gab es im ganzen Reich 930 Poststationen und betrugen die Ausgaben mancher Provinzen für das Postwesen, z. B. von Irak, bis vier Millionen Dirham jährlich. In der Hauptstadt des Reiches bestand eine eigene Oberpostbehörde mit einem Vorsteher, einer Art Generalpostmeister an der Spize, durch dessen Hände die an den Kalifen gerichteten Aktenstücke und Sendungen gingen, namentlich die Berichte der Postmeister der einzelnen Provinzen, die er dem Kalifen vorzutragen hatte. Diesem Generalpostmeister lag die Ernennung der Beamten ob, und er hatte die Gehaltsauszahlungen wie den Gang der Verwaltung zu überwachen.

Bei der Gründlichkeit und Systematik, womit die Araber überall in ihren Organisationen zu Werke gingen, und wodurch sie in vielen Dingen gar manchem späteren sogenannten Kulturstaat als nachahmenswerte Muster gelten können, hatten sie auch die Abfassung besonderer Postreisebücher mit entsprechenden Karten vorgenommen, in denen Station für Station mit genauer Angabe der Entfernungen und der Lage aufgeführt war. Die Postsendungen wurden in verschiedner Art, durch Fußboten und zu Wagen, befördert; dringliche Sendungen aber vermittelst Postkourieren, die, bei einem gut geordneten Pferderelaissystem mit vorzüglichen Tieren, weite Entfernungen in ungemein kurzer Zeit zurücklegten. Auch die Taubenpost war den Arabern schon bekannt.

In allen fortgeschrittenen Staaten bildet ein geordnetes Münzwesen eine der Hauptbedingungen einer geordneten Staats- und Privatwirtschaft. Münzen gab es in dem aus so vielen Völkern zusammengesezten Reich in Menge, die sich aber oft schwer in ein richtiges Verhältnis zueinander bringen ließen, den Verkehr hemmten und der Fälschung Tür und Tor öffneten. Daher mußte es eine Hauptsorge der Kalifen sein, ein einheitliches Münzsystem zu schaffen, das dann auch der Kalife Abdulmalik (685-705) durchführte. Ebenso wurde ein gleiches Maaß und Gewicht durch das ganze Reich eingeführt und für das Münz- wie das Maaß- und Gewichtswesen eine Zentralbehörde eingesezt.

Eine hochwichtige Einrichtung, von der im heißen Morgenlande das Wohl und Wehe der Bevölkerung sehr wesentlich abhängt, ist das Bewässerungswesen. Vorderasien und Arabien sind zum größten Teil an Wäldern arm, daher der Mangel an Feuchtigkeit, die künstlich herbeigeschafft werden muß, dann aber auch dem sandigsten Boden die reichsten Erträge entlockt. Da diese Bewässerung oft durch großartige Wasserbauten erzeugt werden muß, die sorgfältig zu überwachen und im Stand zu halten sind, so erklärt sich die manchem überraschend erscheinende Tatsache, daß weite Länderstrecken Asiens, die ehemals in üppiger Vegetation prangten, und einer dichten Bevölkerung Nahrung und Lebensunterhalt gaben, heute dem Reisenden nichts als dürre Sandebenen mit spärlicher Vegetation und kaum erkennbaren Ruinen ehemaliger menschlicher Wohnstätten darbieten. Wohingegen dort, wo Dämme die Ueberflutungen verhindern sollten, wie an den Mündungen des

Euphrat und Tigris, mächtige Sümpfe, die giftige Miasmen ausströmen, vorhanden sind. Wenige Jahrzehnte allgemeiner Vernachlässigung dieser Leitungen reichen hin, die Spuren ehemaliger Vegetation zu vertilgen. Da ferner die menschlichen Wohnungen und selbst die großartigsten Bauten aus wenig dauerhaftem Material gefertigt wurden, so erklärt sich, daß heute selbst von manchen früheren Riesenstädten nur kümmerliche Spuren vorhanden sind. –

Es ist eine der traurigsten Wahrnehmungen, aber auch das sprechendste Zeichen von dem allgemeinen Verfall morgenländischer Staats- und Gesellschaftsverfassung, daß sogar noch heute die Unfruchtbarwerdung der Orientländer immer weiter fortschreitet, indem die Wüsten von Jahrzehnt zu Jahrzehnt mehr Boden gewinnen, weil die heute dort existirenden Menschen und Regierungen unfähig sind, dem allgemeinen Versandungsprozeß des Landes und dem Verfall des Volks- und Staatslebens Einhalt zu tun. Erst wenn die abendländischen Völker bei sich selbst eine neue und bessere Ordnung geschaffen haben, werden sie auch ausreichend Mittel und Wege und Zeit finden, den Ländern des Orients ihre Aufmerksamkeit zu schenken, um dort dauernd einen Kulturzustand zu erzeugen, der tausend Millionen Menschen Nahrung und Lebensgenuß in reichlichster Fülle bietet.

So lange das Kalifenreich noch in seiner Jugendkraft dastand, hatten Volk und Regierungen die Wichtigkeit des Be- und Entwässerungssystems sehr wohl begriffen, weshalb sie unter großem Aufwand von Staatsmitteln, namentlich im Gebiet des Euphrat und Tigris, in Syrien, Aegypten und Spanien ein ausgedehntes Kanal- und Bewässerungssystem ins Leben riefen, oder aus früherer Zeit vorhandene Anlagen vervollkommneten. Es wurde ein Nez von Kanälen gegraben, Dämme wurden gegen Ueberschwemmungen aufgeführt, Wasserräder und Schöpfwerke gebaut, die das Wasser in die Nebenkanäle und auf die Felder zu treiben hatten. Einen größeren Teil dieser Bauten bestritt das Reich aus eigenen Mitteln, andere wurden auf Provinzial- und Privatkosten gemeinschaftlich hergestellt. Um die Tätigkeit der Privaten anzuspornen, wurde der Ausbildung des Wasserrechts besondere Aufmerksamkeit gewidmet. Es wurde bestimmt, daß diejenigen, die Kanäle und Bewässerungen auf eigene Kosten angelegt, frei darüber verfügen und jedem anderen die Mitbenuzung verbieten oder verweigern konnten.

Hatten mehrere zusammen genossenschaftlich Bewässerungen vorgenommen, so wurden sie ohne weiteres als juristische Person anerkannt und konnten die Anlagen kollektiv bewirtschaften; der Einzelne durfte nur unter Zustimmung der Gesammtheit Aenderungen daran vornehmen. Andere gesezliche Bestimmungen regelten das Recht an die Brunnen. Wurde ein Brunnen verlassen, so wurde er Gemeingut des Bezirks, in dem er lag. Wer einen Brunnen auf Brachland grub, durfte ihn mit einer 40-50 Ellen weiten Umzäunung versehen und Brunnen und Terrain verblieben sein Eigentum. Wer eine Quelle ausfindig machte, hatte das Recht, sie mit einer bis zu 500 Ellen weiten Umzäunung zu umgeben und durfte Quelle und eingezäuntes Land als sein Eigentum betrachten. Man bezweckte durch solche Maßregeln die Bewässerung und die Nachforschung nach Wasser zu befördern. Aehnlich verhielt es sich mit der Urbarmachung von Brachland, als welches unbebautes und unbewässertes Land galt. Wer die Urbarmachung übernahm, war Eigentümer des urbar gemachten Bodens. Dagegen durfte urbar gemachtes Feld nicht unbebaut liegen bleiben; wer dies tat, ward gezwungen, es zu verpachten oder zu verkaufen. Man ging also von der ganz richtigen Auffassung aus, daß der Einzelne mit seinem Grund und Boden nicht machen könne, was ihm beliebe, wenn durch seine Handlungsweise die Allgemeinheit geschädigt werde.

Der Instandhaltung der Ströme, Kanäle und Schleusen für die Schiffahrt wurde gleichfalls große Aufmerksamkeit geschenkt. Es gab eine besondere Wasserpolizei, welche alle nötigen Maßnahmen zu treffen und das Wasserwesen zu überwachen hatte. Bauten und Reparaturen bei Strömen, Kanälen und Schleusen für die Schiffahrt waren ausschließlich Staatssache. Da ferner in dem wüsten westlichen und nordwestlichen Teile Arabiens nicht selten Hungersnöte ausbrachen, so ließen die Kalifen einen bereits von den Ptolemäern gegrabenen Kanal zwischen Suez am roten Meer und dem Nil, der im Laufe der Jahrhunderte, wo sich niemand um ihn gekümmert, durch Versandung fast wieder verschwunden war, von neuem ausgraben. Dadurch wurde es möglich, aus dem Inneren Aegyptens zu Wasser der arabischen Wüstenbevölkerung billig Nahrungsmittel zuzuführen, auch diente diese neue Wasserstraße nun als wichtiges handels-politisches Verbindungsmittel, indem sie auf einem kleinen Umweg durch den Nil vermittelte, was heute der Suezkanal leistet, sie stellte die Verbindung des Mittelmeeres mit dem roten Meere und dem indischen Ozean her.

Für den Verkehr zu Lande wurde in der Weise gesorgt, daß auf den Heerstraßen in gewissen Entfernungen auf Staatskosten Unterkunftshäuser für Menschen und Tiere, sog. Karawansereien, errichtet wurden, in deren unmittelbarer Nähe sich Brunnen oder Cysternen befanden. Auch in den Städten gab es öffentliche und unentgeltliche Herbergen für mittellose Reisende und empfingen diese auch lange Zeit Geldmittel aus der Staatskasse und zwar aus dem Sadakahfonds.

Eine dem Kalifenreiche eigentümliche Erscheinung war eine fast unbegrenzte Selbstverwaltung der Gemeinden, die noch heute im Orient wesentlich vorhanden ist. Nur wurde die Benutzung der öffentlichen Straßen und Pläze zur Errichtung von Verkaufsständen und Bazaren als Staatssache betrachtet und flossen die Einnahmen hieraus in den Staatssäckel. Die ganze übrige Verwaltung war den Gemeindegliedern überlassen. Die Andersgläubigen genossen dabei das Recht, ihre religiösen und Erziehungsangelegenheiten ganz selbständig zu ordnen und zu verwalten, auch war ihnen die Rechtsprechung in Streitigkeiten unter sich überlassen. Nur wenn ein Moslimen dabei beteiligt war, kam die Sache vor den Kadi.

Mit dem Verfall des Kalifenreichs stieg der materielle Druck. Schon unter den Abbasiden war die Liste der Steuern ansehnlich gewachsen. Es zeigte sich auch hier, daß stets die Machthaber verstehen, wenn sie Geld brauchen, auch Steuerobjekte ausfindig zu machen. Früher waren im Kalifenreich Konsumsteuern unbekannt, diese wurden jezt in ausgedehntem Maße erhoben. Die Steuer von den Bergwerken und Weidegründen war bis auf ein Fünftel ihres Ertrags gestiegen und es kam vor, daß die verschiedenen Steuern mehr als die Hälfte des Bodenertrags oder des Einkommens verschlangen. In den ersten zwei Jahrhunderten des Kalifenreichs bestand überall Freizügigkeit, es gab innerhalb des weiten Reiches keinerlei Zoll- und Steuerschranken; als aber die einzelnen Statthalterschaften sich unabhängig machten und den Kalifen nur noch formell anerkannten, änderte sich dies. Die einzelnen Territorien schlossen sich gegeneinander ab. Im zehnten Jahrhundert, dem vierten der Hedschra, als die Staatseinkünfte immer schmäler wurden, aber die verschwenderischen Kalifen und ihr Hofstaat mehr als früher brauchten, entstand bei diesen der Gedanke, die Staatseinnahmen ganzer Provinzen an einzelne Häuptlinge oder Günstlinge in Pacht zu geben. Ja der Kalif Muktadir (908-931) übertrug sogar die Verwaltung des ganzen Staatswesens an seinen Wezyr, der die Kosten desselben bestritt und dem Kalifen eine bestimmte Summe ablieferte, dabei aber natürlich sein sehr gutes Auskommen fand. Unterschlagungen, Erpressungen, Bestechungen, namentlich auch bei dem Rechtsuchen, denn die Kadis genossen durchschnittlich keinen guten Ruf, Brandschazungen, Steuererhöhungen und Auflage neuer Steuern kamen auf die Tagesordnung und brachten die Bevölkerung rasch im Wohlstand herunter.

In der Mitte des vierten Jahrhunderts der Hedschra war die Macht der Kalifen fast nur noch auf Bagdad und Umgegend geschränkt, alle Provinzen des Reichs befanden sich in den Händen selbständiger Machthaber oder fremder Eroberer. Besonders waren es türkische Volksstämme und Fürsten, die um diese Zeit das Reich bedrängten und schließlich das Kalifat ganz in die Hand bekamen. Ums Jahr Tausend gab es drei Kalifate und zwar in Bagdad, in Kairo in Egypten und in Cordova in Spanien. Im Kalifat Codova herrschte ein Zweig der Omajjaden. In Bagdad hatten zwar formell noch die Abbasiden das Kalifat in Händen, tatsächlich herrschten die Seldschuken'schen Türken. Diese aber bekamen so weit die Gewalt in die Hände, daß sie dem Kalifen die Summen auszahlten, mit denen er auskommen mußte, bis sie schließlich die Erbschaft ganz antraten und ihre Sultane vom Jahre 1538 an, fünfzehn Jahr vor der Eroberung von Konstantinopel, auch den Kalifentitel annahmen.

IV. Soziale Entwickelung.

Die Araber waren, als sie ihre Eroberungen unter der Fahne des Islam begannen, ein echtes Naturvolk. Stolzen und unabhängigen aber auch herrschsüchtigen Sinnes, vermischten sie sich schwer mit den unterworfenen Völkerschaften. Derselbe Stolz, der die Angehörigen eines älteren oder berühmteren Stammes auf die jüngeren und weniger berühmten herabsehen ließ, bestimmte sie allesammt auf die unterworfenen Nationalitäten als Völker geringerer Qualität herabzublicken. Nur schwer konnte sich der Araber an die Lehre des Islam gewöhnen, der ihm gebot, auch in dem Besiegten den Gleichen anzuerkennen, wenn dieser denselben Glauben mit ihm teilte. Den Arabern erleichterte ihre Eroberungen neben ihrer vortrefflichen Heeresorganisation und Tapferkeit der Umstand wesentlich, daß auch außerhalb Arabiens schon früh und zu verschiedenen Zeiten arabische Stämme sich angesiedelt hatten, die ihren Stammesgenossen mit Sympatie entgegenkam und den Widerstand der Völker, unter denen sie lebten, schwächten. Solche Stämme, die sich wesentlich mit Ackerbau und Viehzucht beschäftigten, gab es in Aegypten, Palästina, Mesopotamien und Irak.

Die Politiker der Omajjaden, dahingehend, in allen Provinzen des Reichs die Häuptlinge der Stämme zu Statthaltern und Unterstatthalter zu ernennen, gab demselben eine große Einheitlichkeit und Gleichmäßigkeit in der Organisation und Verwaltung. So wurden arabische Sprache und arabischer Geist im ganzen Reiche tonangebend; die naturwüchsige Kraft des neuen Volks übte den günstigsten Einfluß auf die zwar verweichlichten und niedergedrückten, aber vergleichsweise hoch entwickelten alten Kulturelemente, die in allen Provinzen des großen Reiches vorhanden waren. Elementares Kraftgefühl verband sich mit physisch geschwächten, in raffinirtem Sinnenreiz und in überfeinerter Kultur versunkenen Elementen. Anfangs behielt das Erstere die Oberhand und daraus entstand der großartige geistige und materielle Aufschwung auf allen Gebieten des Staats- und Gesellschaftswesens. Allmälig aber bekamen, begünstigt durch ein erschlaffendes Klima, die rasche Zunahme des Reichtums und die große Zahl fremder Frauen, die sinnlichen Begierden die Oberhand, und nun trat ebenso rasch der Zerfall ein, als früher der Aufschwung. Endlich verhinderten die unfreien sozialen

Zustände ein Emporkommen der unteren Klassen, von denen unter anderen Verhältnissen allein eine Regeneration von Reich und Gesellschaft hätte ausgehen können. Das Kalifenreich ist einem glänzenden Kometen zu vergleichen, der plözlich am Himmel erscheint, in aufsteigender Bahn durch seinen intensiven Glanz alle Welt überrascht und blendet, dann aber rasch sich abwärts wendet und bald nur einen Dunstschweif hinterläßt.

Da die Araber als herrschenden Volk die Staatsgewalt besaßen, von ihnen die Begünstigung in vielen Dingen ausging, ihre Sprache die offizielle Verkehrssprache bildete, die höhere und freiere Stellung der Unterworfenen von der Annahme des Islam abhing, für dessen richtiges Verständnis wieder die Kenntnis der arabischen Sprache notwendig war, so fand leztere in allen Kreisen der Bevölkerung rasche Aufnahme. Und wie jedes rohe, aber geistig gut veranlagte Volk gierig ist, sich eine höhere Kultur anzueignen, um sich den von ihm Unterworfenen auch geistig ebenbürtig oder gar überlegen zu zeigen, so warfen sich jezt die Araber mit großer Energie auf alle Wissenszweige und es entstand jezt zwischen ihnen und den von ihnen Beherrschten ein Wettkampf, wie ihn die Welt kaum zum zweiten Male gesehen.

Es begannen grammatikalische, juristische, teologische, philosophische und naturwissenschaftliche Studien fast gleichzeitig an allen Enden des Reichs. Zahlreiche gelehrte Köpfe aus den beherrschten Völkern machten sich daran, die vorhandenen alten Schriften und Werke in die arabische Sprache zu übersezen, so daß diese in weniger als zwei Jahrhunderten einen geradezu staunenswerten literarischen Schaz zugeführt erhielt, und die leichte Zugänglichkeit dieser Bildungsmittel in der gleichen Sprache des ganzen Reichs erzielte die schönsten Erfolge. Sprachen, Sitten und Gewohnheiten begannen schon um diese Zeit sich im mohammedanischen Reich mit einer Gleichmäßigkeit über alle Nationalitäten und die verschiedenen Glaubensbekenner zu verbreiten, daß mehrmals die Kalifen verordneten, die ihrem Glauben treu gebliebenen Christen und Juden sollten besondere Kennzeichen an der Kleidung tragen, damit man sie von den wirklichen Moslimen unterscheiden könne.

So befruchtend und anregend wirkte auf die alten Kulturelemente der Umstand, daß ein mit neuen aber mit nicht gänzlich fremdartigen religiösen, politischen und sozialen Ideen erfülltes und von Begeisterung getragenes Volk auf die Weltbühne trat.

Die Unterdrückung hat nicht selten das Gute, daß sie noch nicht ganz erschlaffte Naturen anspornt, alle Hebel anzusezen, um sich aus der Unterdrückung zu befreien. Das war den Arabern gegenüber nur möglich, wenn man sich ihnen überlegen zeigte, durch eifrige Vermehrung und Anwendung des verschiedenen Wissens und wenn man durch höhere praktische Fertigkeiten sich ihnen unentbehrlich machte.

Beachtet man nun, daß die Zusammenfassung weiter Ländergebiete in ein einziges Reich den Wettkampf unter den verschiedenen Völkerschaften hervorrief, alle hemmenden Schranken zwischen ihnen beseitigt waren, nationale und religiöse Eigentümlichkeiten möglichst geschont wurden, der lastende Druck in vielen Fällen den unterworfenen Bevölkerungen nicht so schwer erscheinen mußte, als der früher den eigenen Regierungen erduldete, endlich daß die Kalifen zahlreiche Maßregeln ins Leben riefen, um Ackerbau und Gewerbe, Verkehr und Bildung zu heben, so hat man die Hauptursachen, die den großartigen geistigen und sozialen Aufschwung im Kalifenreich erklären.

Bei der außerordentlichen Fruchtbarkeit und der Mannigfaltigkeit der Bodenschäze (edle und unedle Metalle, edle Steine etc.), die große Gebiete des Morgenlandes auszeichnen, ist unter einer vernünftigen Staatsverwaltung rascher Zuwachs von Reichtum das sichere Resultat für die Herrschenden. Die leichte Gewinnung des Reichtums erleichterte seine Ausgabe für die verschiedensten Zwecke und wirkte anregend auf Handel, Künste und Gewerbe.

Selbstverständlich verlief diese Entwickelung nicht so glatt und es fehlte nicht an zahlreichen Ausschreitungen und an gewalttätiger Ausbeutung. Möglichst mühelos zu erwerben und zu genießen ist ein der Menschennatur tief eingeprägter Zug. Der Herrschende findet die Ausbeutung des Beherrschten so natürlich, daß er gar nicht begreift, daß es anders sein könne, und er ist leicht geneigt, selbst das durch Sitte und Gewohnheit bestimmte Maß zu überschreiten, wenn er glaubt, dies ohne Gefahr zu können. Liefert selbst die heutige Zeit fast jeden Tag uns solche Beispiele, so ist nicht zu verwundern, daß zu jenen Zeiten, unter weit rückständigeren Anschauungen, Raub- und Ausbeutungsakte noch weit öfter vorkamen. In Folge dessen entstanden zahlreiche Streitigkeiten und Aufstände der Klienten gegen die Beherrscher. Die christlichen Sekten im Libanon und Antilibanon, die Sekte der Kopten in Aegypten, die Berberstämme in Nordafrika machten verschiedentliche Empörungsversuche und manchmal kostete es Mühe, sie niederzuschlagen. Da nun die Sitte herrschte, daß gewaltsam Niedergeworfene Sklaven der Sieger wurden, kamen namentlich die durch ihre Schönheit sich auszeichnenden männlichen und weiblichen Berber zahlreich in die Sklaverei und füllten leztere die Harems der Reichen. Auch aus Spanien wurden eine Menge Sklaven eingeführt, die hoch im Preise standen und die man mit dem sechs- und achtfachen des Preises bezahlte, den man beispielsweise für türkische Sklaven gab. Das christliche Venedig wie überhaupt Italien beteiligten sich lebhaft an diesem Menschenhandel. Auch ist notorisch, daß selbst die römischen Päpste und Geistlichen dabei ihre Hand im Spiele hatten und an diesem schmuzigen Geschäft durch die Ungläubigen viel Geld verdienten, indem sie die Kinder ihrer Leibeigenen als Sklaven an die Araber verkauften. In Rom, dem Siz des Papstes, des Vaters der Christenheit, bestand sogar bis zum Jahre 748 ein offener Sklavenmarkt, er wurde damals unterdrückt, ohne daß deshalb der Menschenhandel aufhörte.

In jedem Lande bildet der Zustand des Ackerbaus einen Maßstab für die gesammte Kulturentwicklung. Der Ackerbau erlangte in den ersten zwei Jahrhunderten des Kalifenreichs einen bis dahin nicht gekannten Aufschwung. Man baute nicht nur die Artikel des gewöhnlichen Lebensunterhalts an, sondern hauptsächlich auch für das Gewerbe benötigte Produkte. Dahin gehörten zahlreiche Farbestoffe. Neben dem Flachs ward der Anbau der Baumwolle betrieben, die damals in Europa noch gänzlich unbekannt war. Ausgedehnte Maulbeerpflanzungen gaben die Nahrung für die Seidenraupenzucht, welche die Grundlage für eine sehr bedeutende und hochentwickelte Seidenfabrikation bildete.

Die Farbestoffe verdankten ihre Kultivirung dem Geschmack des Morgenländers an hellen, glänzenden und leuchtenden Farben, und die Farbestoffe wurden in großer Menge gebraucht, da der Kleiderluxus und die Freude an buntfarbigen Tüchern und Teppichen von jeher eine Leidenschaft der Orientalen ist. Die geschäzteste Farbe war der Saffran, dessen Kultur dementsprechende Ausdehnung hatte, ferner der Safflor und das Wars, dessen Heimat Südarabien ist. Sehr stark war auch der Bedarf an Krapp, dessen Anbau nebst jener des Saffrans auch in Spanien eingeführt wurde und von dort weiter in Europa eindrang. Ein sehr geschäztes Toilettenmittel ist im Orient die Henna, die man zum Färben des Haares und des Bartes, der Finger- und Fußzehennägel verwendet. Und da die Henna nach der abergläubischen Vorstellung der Orientalen gegen den sogenannten bösen Blick schüzen soll, verwendete man sie auch zum Färben von Pferden und Kameelen, die teilweise damit bestrichen wurden.

In der Gartenkultur erreichten die Araber eine erstaunliche Vervollkommnung. Obstbäume und Gemüse, Blumen und Zierstauden erlangten eine Mannigfaltigkeit und Pracht, die unter europäischem Himmel nur ganz ausnahmsweise zu erreichen ist. Die Schilderungen von Gärten der Großen, ihrem buntfarbigen Blumenflor und Duft, der Ueppigkeit der Zierstauden und Schlingpflanzen, der Fruchtbarkeit der Obstbäume und Reben, Resultate, die ganz wesentlich durch ein außerordentlich praktisch und sinnreich angelegtes Bewässerungssystem erzielt wurden, scheinen uns als Mährchen.

Eine sehr große Zahl von Obstbäumen, Blumen, Zierstauden und Nuzpflanzen verdankt das christliche Abendland den Mohammedanern, so unter anderem die Orange, Aprikose und Pfirsiche, die Myrthe, verschiedene Birnen-, Aepfel- und Traubensorten, den Olivenbaum, den Rhododendron und Granatapfelstrauch u. s. w. In der Kunst des Pfropfens und Pflanzens der Bäume, Sträucher und Blumen waren die Araber Meister und sind heute wohl kaum darin erreicht. Namentlich waren es Rosen, Mandelbäume und Reben, an denen sie ihre Kunst anwandten. So verstanden sie die heute noch unerreichte Kunst, den Trauben den Geschmack beliebiger Gewürze beizubringen. Die Zucht der Blumen in den prächtigsten und verschiedenartigsten Farben war ihnen sehr geläufig. In der Gemüsezucht verdankt Europa unter vielen anderen den Arabern den Anbau des Spargels.

Auch im Konserviren des Obstes und der Gemüse erreichten sie einen hohen Grad der Vollkommenheit und ist die Kenntnis dieser Kunst seitens der Europäer ebenfalls den Arabern geschuldet.

In diesen wie in vielen andern Dingen war für die spätere europäische Kultur von großer Wichtigkeit, daß die Araber Jahrhunderte lang in Spanien und auf Sicilien lebten und wirkten und durch die direkte Verbindung mit Angehörigen der verschiedensten europäischen Länder ihr Wissen, ihre Kenntnisse und ihre Einrichtungen erlernt und übertragen wurden. Kein Zweifel, daß auch die Kreuzzüge dazu beitrugen, die Kenntnis von morgenländischer Sitte und Kultur in Europa bekannt zu machen, allein diese hatten im Vergleich zu der Wirkung Jahrhunderte langer Herrschaft in den erwähnten südeuropäischen Ländern nur geringe Bedeutung. Zudem wurden diese Kriege durch fanatisirte Haufen geführt, die in der Zerstörung mohammedanischer Kultur ein wohltätiges, gottgefälliges Werk erblickten, und darum wohl ebenso wenig günstige und dauernde Einwirkung auf die Kämpfenden ausübten, wie auf die Jahrhunderte lang gegen die Araberherrschaft kämpfenden Spanier.

Dagegen fanden sich massenhaft abendländische Laien und Geistliche, Adlige und Fürsten an den maurischen Höfen und Bildungsstätten in den friedlichen Intervallen ein, welche die Herrschaft der Araber in Spanien und Sicilien genoß. Hier lernten sie eine im Vergleich zu der des Abendlandes hohe Civilisation kennen und schäzen. Diesem Einfluß verdankte auch der Kaiser Friedrich II., unzweifelhaft der gebildetste und freigeistigste Kaiser, den Deutschland bis auf Josef II. je besessen, seine hohe Bildung. Er ließ sich sogar, was damals für unerhört galt, zu einem friedlichen Verkehr mit dem Saracenen-Sultan herbei. Dies wie seine ganze unkirchliche Denk- und Lebensweise brachte ihn denn auch bei seinen beschränkten Zeitgenossen in üblen Geruch und zog ihm schließlich den Bannfluch des Papstes zu.

Ja es unterliegt keinem Zweifel, daß als nach fast tausendjähriger Herrschaft des Christentums Europa nach geistiger Erlösung rang, es die innige Berührung mit den arabischen Kulturbestrebungen in Italien und Spanien war, welche das Zeitalter der Wiedergeburt, die Renaissance, erstehen ließ und nach mancherlei Rückschlägen schließlich ganz Europa auf die Bahn des Fortschritts drängte. So war es nicht der Einfluß des Christentums, der sich in jener Zeit den menschlichen Fortschritten überall entgegenstemmte und sie mit Feuer und Schwert bekämpfte, sondern antichristlicher, heidnischer Einfluß, der den Aufschwung des Geisteslebens und die Aera der Reformen in Europa hervorrief.

Die Anregungen zu den großen Fortschritten in der Kunst des Ackerbaues verdankten die Araber wesentlich der sorgfältigen Beachtung der alten Literatur, die sie bei den unterjochten Völkern vorfanden und ins arabische übersezten; also auch hier ein bedeutendes Kulturzeichen.

In der Gewinnung und Zubereitung von wohlriechenden Wassern, Oelen und Balsamen, sowie dem Räucherwerk, machte das Arabertum ebenfalls große Fortschritte. Solche Erzeugnisse sind von uraltersher bei Männern und Frauen im Orient sehr beliebt. Da gab es neben Rosen-, Veilchen- und Levkoyenöl, Jasmin-, Citronen- und Weidenöl, Kandul- und Lilienöl u. s. w., Palmenblüten- und Mandelblüten-, Saffran- und Kaisumwasser und duzende andere wohlriechende Oele und Wasser.

Die Seidenzucht wurde vorzugsweise in Persien gepflegt. Die Anpflanzung der Baumwolle war zunächst in Südarabien heimisch, wohin sie wohl aus Indien gekommen war. Aus der Baumwolle wurden nicht nur Kleiderstoffe, sondern auch Papier verfertigt, was die Bücher- und Schriftenerzeugung sehr begünstigte, eine Wohltat, zu der Europa erst im 15. Jahrhundert gelangte. Sehr ausgedehnt war der Flachsbau und damit in Verbindung die Fabrikation der Leinenstoffe. Aus dem Hanf wurde das narkotische Gift, der Haschisch, gewonnen, der mehr als in Europa der Branntwein, auf die Kulturentwicklung verhängnisvoll einwirkte. Eng verbunden mit Ackerbau und Gartenkultur ist die Bienen- und die Geflügelzucht; auch auf diesen beiden Gebieten leisteten die Araber Vorzügliches.

Die Zubereitung der viele wohlriechenden Oele, Wasser, der Balsame, Pommades und Räucherstoffe, endlich der Farbstoffe gab einem größeren Teil der Bevölkerung eine bezügliche gewerbliche Beschäftigung. Dazu kam der Handel mit diesen Gegenständen im Inland und nach dem Ausland. Der Wäsche- und Kleiderluxus erforderte die verschiedensten gewerblichen Betätigungen, wie spinnen, weben, appretiren, nähen und schneidern. Der Kleiderluxus wurde besonders durch die Kalifen begünstigt, deren Gepflogenheit es war, Großen des Reichs, Dichtern, Sängern und Sängerinnen, Sklaven und Sklavinnen, oder wem immer sie eine Gunst bezeugen wollten, diese vorzugsweise durch die Schenkung von duzenden kostbarer Anzüge zu betätigen. Die Reichen und Vornehmen ahmten ihrerseits dieses Beispiel nach. Zu den Kleidern wurden enorme Mengen von Stoffen verbraucht, da Klima und Sitte dieselben möglichst weit und bauschig vorschrieben, wozu dann die Mode noch ungeheure Schleppen fügte, in die selbst die Beinkleider der Damen – die im Orient bezeichnender Weise die Frauen früher trugen als die Männer – endigten.

Eine echt semitisch-orientalische Sitte – durch die sich selbst noch die jüdischen Frauen unserer Zeit in Europa vor ihren christlichen Rivalinnen auszeichnen – ist die Liebhaberei für glänzenden Schmuck, die häufig in Ueberladung damit ausartet. Ringe und Reifen für Ohren, Finger und Fußzehen, Arme und Knöchel, Halsbänder, Stirnbänder und Diademe, alles aus den edelsten Metallen gefertigt und mit kostbaren Perlen und Edelsteinen besezt, besaß jede Frau von Stande, nicht minder die Lieblingssklavinnen, Sängerinnen und Gauklerinnen in Hülle und Fülle. Dazu kamen Gürtel, Kopftücher und Schleier, Pantoffeln und kostbare Kleiderstoffe mit Gold oder Silber, Perlen und Edelsteinen durchwirkt. Bei den Männern waren namentlich die Waffen und Waffengehänge, insbesondere bei dem nie fehlenden Schwert, das selbst der Prediger an der Seite trug, wenn er den Predigtstuhl betrat, aufs reichste geschmückt und ausgestattet.

Mit der Pracht der Kleidung und des Schmuckes rivalisirte die häusliche Einrichtung der Wohlhabenden und Vornehmen. Kostbare Teppiche mit den wundervollsten Arabesken, mit Jagd- oder Tierstücken, Städtebildern oder Naturszenerien durchwirkt, bedeckten die Fußböden der Gemächer; schwere seidene Vorhänge hingen an Türen und Fenstern; golddurchwirkte Stoffe bedeckten die Wände, wohingegen die Zimmerdecken mit farbenreichen Ornamenten und Malereien versehen waren. Die Ruhebetten und Möbel waren aus seltenem wohlriechenden Holze gefertigt, mit Perlmutter und Gold und Silber eingelegt und mit kostbaren Stoffen überzogen. Goldene und silberne Armleuchter, chinesische Vasen, Lack- und Glasgegenstände füllten die Zimmer, während Ampeln von edlem Metall oder Kristallglas von der Decke hingen. Die Höfe der Häuser waren mit Marmor und Mosaik gepflastert und mit künstlerisch geformten Springbrunnen versehen, die Kühlung verbreiteten und die hinter den Wohnungen sich hinziehenden prächtigen Gärten bewässern halfen. Säulenhallen und Laubgänge aus Ranken von Wein und üppigen Schlingpflanzen in Höfen und Gärten schüzten die verweichlichten Bewohner vor Sonne und Hize. Eine solche Lebensgestaltung mußte auf die verschiedensten Gewerbe- und Betätigungsarten anregend wirken.

Eigentümlich jedem Volke von eigenartiger Kultur ist ein besonderer Baustil. Auch diesen entwickelten die Araber bei dem Bau zahlreicher, reich und glänzend eingerichteter Moscheen und bei den Ansprüchen, die Fürsten, Vornehme und Reiche an den Bau und die Ausstattung ihrer Paläste und Privatwohnungen stellten. Die Grundformen ihres Baustils entnahmen sie teils den Byzantinern, teils den Indern, entwickelten sie aber selbständig weiter. In der Anwendung und Ausschmückung des Bogens erlangten sie eine besondere Meisterschaft; sie wendeten hauptsächlich den Hufeisen-, Spiz- und Kielbogen an mit vielfach verschlungenen Linien. Sie erfanden ferner eigentümlich geformte Wölbungen, nischenartige Gewölbeklippen, die, in der Perspektive konsolenartig vortretend, sich zu einem bunt bewegten Ganzen zusammenschlossen. Daneben fand der Säulenbau die verschiedenartigste und meisterliche Anwendung. Endlich ist jene eigentümlich geartete, seltsam verschlungene, eine unerschöpfliche Menge der verschiedensten Formen bildende Ornamentik, die Arabesken, ihr Geistesprodukt, das von ihnen den Namen trägt.

So entstanden neben den verschiedensten Handelsgeschäften aller Art die Gewerbe der Weber, Schneider, Gerber, Färber, Sattler, Seidenweber, Teppichwirker, Glasmacher, Schmiede, Waffenverfertiger, Töpfer, Wollkrämpler, der Papier- und Büchermacher, die verschiednen Bau- und Kunstgewerbe: Maurer, Zimmerer, Steinmezen, Tischler, Maler, Vergolder, Architekten, Gold- und Silberschmiede, Edelsteinschneider etc.

Die einzelnen Gewerbe waren ähnlich wie im alten Rom und später im christlichen Mittelalter in Handwerksgenossenschaften (Zünfte) organisirt und hatten auf bestimmten Straßen und Pläzen der Städte ihre Arbeits- und Verkaufsorte. In Orten, wo einzelne Gewerbe zu schwach waren, eine Genossenschaft zu bilden, vereinigten sie sich mit anderen. Der Sinn für solche abgeschlossenen Verbindungen war so stark, daß selbst Possenreißer und Gaukler ihre Genossenschaft hatten. Jede Genossenschaft regelte in vollster Selbstverwaltung ihre Angelegenheiten und entschied in eintretenden Streitigkeiten ihrer Mitglieder unter sich. Für Verbrechen und Vergehen eines ihrer Mitglieder haftete die Genossenschaft solidarisch gegenüber der Staatsgewalt.

Gewisse Gewerbszweige entstanden in einzelnen Städten in besonderem Umfang. So die Papier- und Glasfabrikation, die Töpferei und Binsenmatten-Manufaktur in Sammora; Kufa und Bassora besaßen viele Webereien, Bassora verfertigte außerdem die berühmten krummen Säbel; Tostar (Kairo) zeichnete sich durch prachtvolle Brokate aus, Sus durch Seidenzeuge und Teppiche, auch gab es in beiden Städten große Goldstickereien, die in der Regel den Kalifen oder Großen des Reichs gehörten. Damiette lieferte feine Möbelstoffe; Tinny: Gaze und Goldstoffe; Bassina: Vorhänge; Tyb: Seidengürtel; Schiniz, Gennaba, Kazerun und Tawwey verfertigten hauptsächlich Leinen, dann Brokate, Mäntel und Teppiche. Bagdad war berühmt wegen seiner seidenen und baumwollenen Kleiderstoffe – welch leztere zu jener Zeit sehr teuer waren – und galt als Hauptsiz der eigentlichen Kunstgewerbe. Nahr-Tyra genoß den Ruf, die Bagdader Stoffe nachzuahmen und nach Bagdad zur Appretur zu schicken, von wo sie durch Händler, versehen mit gefälschter Fabrikationsmarke, für echt in den Handel kamen. Dasselbe geschah mit Bassinaer Vorhängen, die man ebenfalls in Nahr-Tyra nachahmte. In Isfahan war neben der Seiden- und Damast-Industrie die Baumwollen-Industrie hauptsächlich zu Hause. Damaskus fertigte Damaststoffe, Teppiche und Waffen. Ferghana war Siz der Eisenindustrie, Banun für Kopfschleier und Turbane; in den Provinzen Oman und Yemen in Südarabien war neben ausgedehnter Brokat-, Seiden- und Leinenstoffindustrie, die Waffen- und kunstvolle Panzer- und Panzerhemden-Fabrikation zuhause, in welch lezteren Artikeln sich auch Irak und Bahrain auszeichneten. Einen erheblichen Erwerbszweig bildete auch die Anfertigung von Zelten, die im Morgenlande eine so große und wichtige Bedeutung haben, und die es in allen Größen und von den einfachsten bis zu den glänzendst ausgestatteten gab. In der zweckmäßigen Anfertigung und Einrichtung derselben wurde ein hoher Grad der Vollkommenheit erreicht, denn dieselben mußten sich rasch und leicht auf- und abschlagen lassen und dabei allen Witterungsverhältnissen und den Bequemlichkeitsansprüchen der Reichen und ihrer Frauen Rechnung tragen. Ein ganz besonderer Glanz in den Zeltbauten wurde bei den jährlich stattfindenden großen Pilgerkarawanen nach Mekka, deren Mittelpunkt entweder der Kalife selbst oder sonstige Große des Reiches bildeten, entfaltet. Endlich förderte der ausgedehnte Seehandel das Schiffsbauwesen, obgleich das Holz dazu meist von entfernten Gegenden und zwar aus überseeischen herbeigeschafft werden mußte.

Metalle und werthvolle Mineralien, wie Eisen, Kupfer, Quecksilber, Blei, Alaun u. s. w. gab es in verschiedenen Bezirken des Reiches. Und welch hohe Vollendung die Eisenbearbeitung erreichte, geht daraus hervor, daß man Spiegel aus polirtem Stahl anfertigte. – Da die Araber auch großen Fleiß auf die Ausbildung der Medizin verwandten, so wurde die Anfertigung von Medikamenten und Droguen emsig betrieben.

Haupthandelsplätze für den Seeverkehr waren Bagdad und Obolla am Tigris, Bassora an der Mündung des Euphrat und Tigris, Syraf am persischen Meer. Alexandrien übermittelte vorzugsweise den Handel zur See nach Europa. Die Kreuz und die Quere durch das mächtige Reich zogen sich über alle Hauptorte große Karawanenstraßen. So ging eine Straße von Bagdad über Damaskus durch die syrische Wüste über Suez nach Kairo und von dort längs der nordafrikanischen Küste nach Tanger, Gibraltar gegenüber, von wo die Waaren über die Straße von Gibraltar nach Spanien transportirt wurden. Andere Straßen führten von Bagdad nach Isfahan, Schiraz und dem Sind; nach Ray, Corasan und dem Kaspischen See; nach Antiochien und Aleppo, wo man mit dem griechisch-byzantinischen Reich in nächster Berührung, aber auch in fast fortgesezter Feindseligkeit stand. Die Pilger-Karawanenstraße von Bagdad nach Medina und Mekka war zugleich die Handelsstraße nach dem südwestlichen Arabien, nach Yemen.

Es wurde schon hervorgehoben, wie rasch und günstig sich das Seekriegswesen der Araber entwickelte und wie sie die weit ältere, geschultere und dreimal größere Flotte des byzantinischen Kaisers bereits im Jahre 734 besiegten. Der praktische Sinn und die praktische Gründlichkeit, womit die Araber alles angriffen, gaben auch ihrem Seehandel bald eine hohe Bedeutung. Indien und China war das nächste Ziel ihrer Wünsche. Im 8. Jahrhundert gingen allein drei arabische Expeditionen nach China, um die Verkehrs- und Handelsbeziehungen zu ordnen. An den Küsten Ostindiens und der Ostküste Afrikas bildeten sich eine Menge Kolonien, die teilweise eine bedeutende Seelenzahl erlangten. In Ostindien gab es einzelne Orte, deren mohammedanische Bevölkerung bis auf 20 000 Köpfe stieg. Auf der Insel Ceylon bestand schon zu Ende des siebenten Jahrhunderts eine arabische Kolonie, und 758 griff eine arabische Flotte sogar Canton an. Im Mittelmeer standen sie mit allen Küstenländern derselben im Verkehr, und durch ihre Vermittlung ging der Handel mit indischen Produkten. Durch die Straße von Gibraltar segelten sie in den atlantischen Ozean und erreichten die Azoren und Kanarischen Inseln, welche damals den Europäern ganz unbekannt waren. Auch wird von einigen Geschichtsschreibern behauptet, daß sie bereits Afrika umschifften, doch ist dieses keineswegs gewiß. Dagegen ist sicher, daß sie längs der Ostküste bis zur Umschiffung des Kaps der guten Hoffnung gelangten, und ihnen ein großer Teil der Westküste Afrikas von Norden her bis nach Guinea bekannt war.

Kurz die Araber kannten im neunten Jahrhundert Seewege und Länder, und standen mit Völkern in ausgedehnten Handelsbeziehungen, welche das christliche Europa damals nur vom Hörensagen und zwar wiederum nur durch die Araber kannte, und die es zu Ende des fünfzehnten und im sechszehnten Jahrhundert erst entdecken mußte. Es gibt kein Gebiet menschlicher Tätigkeit im Ackerbau, im Handel und Verkehrswesen, in Gewerbe, Kunst und Wissenschaft, Militär- und Kriegswesen, auf dem die Araber zu jener Zeit den Europäern nicht weit voraus waren, und auf welchem sie nicht den Lezteren die Anregung gaben und sehr oft die Lehrmeister machten.

In einem Staats- und Gesellschaftszustand, wie jenem des arabischen Reichs, mußten notwendig auch starke soziale Gegensäze vorhanden sein. Es gab Grundherren, die bis zu 50 000 Klienten (Schuzgenossen) besaßen, denen sie einen im ganzen vielleicht zweifelhaften Schuz gewährten, aber ein nicht zweifelhaftes sehr hohes Einkommen verdankten. Ein großer Teil der erwähnten Manufakturen – denn Fabriken im modernen Sinn des Wortes gab es natürlich nicht – war Eigentum solcher Grundherren und Würdenträger des Reichs oder der Kalifen selbst. So mußten Hunderte und Tausende sich schwer plagen, um einen Einzelnen im Ueberfluß zu erhalten.

Eine der lukrativsten Beschäftigungen, die zugleich am wenigsten Mühe verursacht, ist zu allen Zeiten und bei allen Völkern der Handel gewesen. Die Handeltreibenden übten daher auch überall und zu allen Zeiten einen großen Einfluß aus. In Bagdad, Bassora, Syraf, Bokhara, Damaskus, Kairo, Fez und den anderen großen Handelspläzen des Reichs gab es Kaufleute, deren Vermögen man bis zu 30, 40, 50, ja 60 Millionen Dirham schäzte. Städte wie Bagdad und Kairo, die in ihrer höchsten Blüte bis zu einer Million Einwohner besaßen, Damaskus, Kufa, Bassora und andere, die Hunderttausende von Einwohnern hatten, zählten natürlich darunter auch viele von mittlerem Reichtum und in wohlhabenden Verhältnissen. In allen diesen Städten lebten ferner zahlreiche Würdenträger, hohe Beamte des Reichs und Großgrundbesizer, die dort ihren Reichtum verzehrten. Es entwickelte sich daher ein sehr ausgeprägtes, geselliges Leben, das in gar mancher Beziehung an das Leben unserer modernen Großstädte erinnert.

Seiner Lage nach war Damaskus eine der reizendsten Städte des Araberreichs und es wurde denn auch eine der schönsten als Omawija, der zweite Kalif aus der Omajjaden-Familie, es zu seiner Residenz erkor. Damaskus liegt in einer sehr fruchtbaren Ebene, durch die sich Wälder von Platanen, Silberpappeln und Wallnußbäumen ziehen. Aprikosen-, Feigen- und Olivenbäume bilden ganze Haine, üppige Rebgelände und buntblumige Schlingpflanzen zieren die Gärten. Auf der einen Seite zeigt sich in der Ferne der in der Sonne schimmernde gelbe Sandbooden des syrischen Wüste, auf der andern schließen die wild zerrissenen Formen des Antilibanon den Hintergrund ab. In dieser Stadt und ihrer prächtigen Umgebung errichteten die Omajjaden ihre glänzenden Paläste und ihnen schlossen sich die Reichen und Großen des Reiches vielfach an, so daß Paläste, Lustschlösser, Villen, Moscheen und Grabmonumente, in den buntesten Farben und eigentümlichsten Baustilen ausgeführt, das üppige Grün der Ebene unterbrachen. Eine großartige Wasserleitung, die einer der Omajjaden anlegen ließ, gab den Springbrunnen und Gärten das nötige Wasser und steigerte die Vegetation auf das höchste.

In solcher Umgebung ging die alte Einfachheit des arabischen Lebens rapid zu Grunde. Man legte nach dem Vorbilde des christlich-byzantinischen Hofes große Harems an, die man mit den schönsten Sklavinnen füllte und durch Eunuchen überwachen ließ. Alle die Sinne kizelnden Genüsse: Wollust, Gesang, Musik und Dichtkunst, Tafelfreuden und Zechgelage fanden am Kalifenhofe und bei den Großen des Reichs ihre förderlichste Stätte. Mit Sängern und Sängerinnen, Musikern, Dichtern, Künstlern und Künstlerinnen aller Art wurde zuletzt ein in Wahnsinn ausartender Kultus getrieben. Wer durch ein Lied oder ein Gedicht den Beifall eines Kalifen oder eines Großen erlangte, konnte auf fürstliche Belohnung rechnen. Alle Formen der Schwelgerei wurden, den religiösen Vorschriften zum Troz, im Uebermaß geübt. Der Wein und das Spiel, beide durch die Sunna als »Abscheulichkeiten und Werke des Satans« bezeichnet, wurden von einzelnen Kalifen so leidenschaftlich geliebt, daß sie ihren Schaz leerten, sich um den Verstand tranken und zu jeder Regierungshandlung unfähig wurden.

Das Leben in Damaskus wurde später von den Abbasiden in Bagdad womöglich noch übertroffen. Bagdad wurde erst von ihnen im Jahre 762 unserer Zeit begründet und so wurde es von vornherein in seiner ganzen Anlage eine Stadt, die nach jeder Richtung einem verschwenderischen und prunkliebenden Hofe entsprach. Nur ein Staatswesen, das über ungezählte Hände und ungeheure Summen verfügen konnte, vermochte eine so glänzende Stadt und in so kurzer Zeit herzustellen. *Bagdad* ward in einer der fruchtbarsten Gegenden am Tigris, also in demselben Lande, in dem einst die Riesenstädte Babylon und Ninive standen, erbaut. Es erhielt eine kreisförmige Gestalt und hatte schon in der ersten Anlage mehrere Stunden Umfang. Ein Riesenwerk war allein die aus Ziegeln, Schilf und Erdpech aufgeführte Stadtmauer, die am Fuße 90 Ellen, an der Krone 20-25 Ellen stark und 60 Ellen hoch war. In einiger Entfernung von dieser Mauer befand sich ein mit Bastionen versehener Wall, und vor diesem ein breiter und tief ausgemauerter Graben, der jeden Augenblick mit dem Wasser des Tigris gefüllt werden konnte. Die ganze Umwallung besaß in einer Entfernung von je fünftausend Ellen vier hohe Tore, deren jedes mit einem mächtigen Kuppelbau gekrönt war. Die Stadt war in regelmäßige Viertel eingeteilt, die von bestimmten Bevölkerungsklassen bewohnt wurden. Die Regierungsgebäude bildeten einen besondern Stadtteil und waren nebst dem Kalifenpalast, seinem Harem, seinen Dienstwohnungen und Stallungen und den prächtigen Höfen und Gärten durch besondere Mauern von der übrigen Stadt getrennt. Man wollte sich gegen Volksaufstände sichern.

Zahlreiche Brücken über den Tigris vermittelten den Verkehr der verschiedenen Stadtteile. Eine mächtige Wasserleitung führte in offenen, gemauerten Rinnsalen das Wasser durch alle Straßen der Stadt und speiste zahlreiche öffentliche Bäder. Viele Hunderte von Schiffen in allen Formen und den verschiedensten Völkern gehörig ankerten in stundenlanger Strecke an den gemauerten Quais und Kanälen des Tigris. Auf der einen Seite desselben erhoben sich die stolzen Paläste und Lustschlösser der Reichen in romantischer Umgebung, auf der anderen bedeckten die Wohnungen der Handwerker- und Arbeiterbevölkerung weite Flächen. Ganz wie heute in unseren Großstädten wohnten kolossaler Reichtum und massenhafte Armut dicht beieinander. Verarmte Klienten, die von ihren Grundherren an den Bettelstab gebracht, Sklaven, die einem harten Herrn entronnen, mittellose Fremde und dergl. suchten im Gedränge und Geschiebe der Kalifenresidenz ein Unterkommen und einen Schlupfwinkel, und nährten sich wie der Tag es mit sich brachte. Der im despotisch regierten Staatswesen so häufige Sturz zuvor mächtiger Großer in Verbannung und Armut, der immer eine Anzahl von dem Gestürzten abhängiger Existenzen mit sich ins Elend reißt, verstärkte das katilinarische Element. Dazu kamen Zeiten harter, äußerer Bedrängnis, Hungersnöte, Anzettelungen und Verschwörungen durch Ehrgeizige, fanatische Sekten, die über das Sündenleben am Kalifenhofe empört waren, alles dies schaffte Stoff zur Erregung und Unzufriedenheit. Ab und zu suchten die Kalifen oder auch reiche Große die Unzufriedenheit der Masse durch große Volksabfütterungen, ganz wie im alten Rom, zu stillen. Der Groll über diese Zustände machte sich auch in dichterischen Ergüssen Luft, an denen die arabische Literatur für alle Vorgänge im Leben so reich ist. Ein solcher lautet in Bezug auf Bagdad:

Gott segne Bagdad, das irdische Paradies,
Das für die Menschen eine Seelenwonne ist,
Obgleich es nur für die Reichen Genuß bietet,
Für die Armen aber nur Bekümmernis.

Als dann über das Schwelgen und Lotterleben am Hofe, das jährlich Hunderte von Millionen verschlang, und über das immer stärkere Heranziehen ausländischer Söldlinge, namentlich der seldschuk'schen Türken, die Volksstimmung immer gereizter wurde, entschloß sich der Kalif Motassim Billahi Bagdad zu verlassen und gründete seine Residenz Samorra, die er so zu sagen aus dem Boden stampfte. Sein Nachfolger Motawakil verwendete auf dieselbe allen 300 Mill. Dirham für Bauten.

Dieses tolle Leben führte bei den Großen zu häufiger Geisteszerrüttung. Eine an Verrücktheit grenzende Großmut, Ueberhäufung mit Gunstbezeugungen, wechselte ab mit der Lust an barbarischen Strafen und Grausamkeiten. Die Abgeschlossenheit des Hauswesens, das keinem Unberufenen den geringsten Einblick gestattet und zunahm, wie das Haremsleben immer mehr an Boden gewann, begünstigte den Hausdespotismus. Nichts wirkt aber demoralisirender auf die Menschen als das Gefühl, unbeschränkt über andere verfügen zu können. Tritt dann noch Verweichlichung und Nervenüberreizung hinzu, mit ihrem Rückschlag der Erschlaffung, auf welche wieder die Anwendung von Stimulanzien folgt, so erreicht Laune und Willkür ihren höchsten Grad.

Das Beisammenleben zahlreicher junger Leute von beiden Geschlechtern als Sklaven in den Häusern der Reichen, die bei ihrer Menge ein ziemlich müßiges Leben führten – denn nach der Menge der Sklaven wurde der Reichtum geschäzt – mußte hinter dem Rücken der Herren allerlei Verbindungen und Intriguen herbeiführen. Solche erweckten ganz besonders den Zorn der Herren, wenn sie ihre männlichen oder weiblichen Lieblinge betrafen und führten zu grausamen Bestrafungen. Denn über den Sklaven stand dem Herrn die unbeschränkte Macht zu strafen zu. Um so mehr Schwäche zeigten sie dafür gegen Schauspielerinnen, Sängerinnen und dergleichen, die sich, ähnlich gar manchen unserer heutigen Künstlerinnen, auf das Wesen der Coquetterie und das Rupfen reicher Gimpel verstanden. Eine Schilderung der damals angewandten

Künste deckte sich vollkommen mit denen unserer Zeit. Die Leidenschaften der Menschen und ihre Torheiten sind sich überall gleich.

Gegenüber schönen Künstlerinnen und Sklavinnen traten die Ehefrauen – deren der Koran bis zu vier gestattet – immer mehr in den Hintergrund. Mekka und Medina, die beiden heiligsten Städte des Orients, waren die Hochschulen für die Ausbildung gefälliger Frauen; beide Städte standen namentlich wegen der Ausbildung leichtfertiger Künstlerinnen ebenso in Ruf, als wegen ihrer historischen und religiösen Traditionen. Die alljährlich dorthin stattfindenden Massenwallfahrten, bei denen noch heute arge geschlechtliche Ausschweifungen häufig vorkommen, legten den Grund zu jenen sehr weltlichen Anstalten. Oeffentliche Frauenhäuser gab es indes schon zu Mohammeds Zeit in Mekka; er unterdrückte zwar dieselben, aber sie bestanden heimlich fort. Aehnliche Häuser existirten in allen Städten des arabischen Reichs. In der Regel waren sie mit Spielhallen verbunden, denn dem Spiel wurde in verderblicher wie in harmloser Gestalt mit Vorliebe gefrönt. Das Schachspiel, das Domino und Ballspiel sind orientalischen Ursprungs, auch gab es Hunde- und Hahnenkämpfe und Wettrennen. Oeffentliche Possenmacher und Zotenreißer fanden ebenfalls stets ihr Männerpublikum.

Auch die unnatürlichen Laster, die im Orient ihre eigentliche Heimat haben, gewannen unter dem allgemeinen Sittenverfall an Verbreitung. Man steckte schöne Knaben und junge Männer in weibliche Kleidung, sie ahmten weibliche Manieren nach und affektirten weibisches Wesen. Zu diesen Ausschweifungen kam noch das Laster stark narkotischer Genüsse, das Opium und das Haschisch und zerstörte, was geschlechtliche Ausschweifung, verweichlichte Lebensweise und Trunksucht den Herrschenden an Verstand noch übrig gelassen.

Gegen diese geistige, physische und moralische Versinken der Oberen war in der Masse der Bevölkerung kein Gegengewicht vorhanden. Der Orientale ist fleißig, nüchtern und genügsam, aber diese Genügsamkeit ist sein Verderben. Er begnügt sich mit dem Notdürftigsten und sieht ruhig zu, wie seine Despoten ihm den Ertrag seiner Arbeit rauben. Infolge der Wirkung des Klimas energielos und zum Denken wenig angeregt, durch eine lange Folge von Generationen, von Urväter Zeiten an den Despotismus gewöhnt, sieht er ihn wie eine unabwendbare Naturgewalt an, gegen die er machtlos ist. Aus dieser allgemeinen Karakterbildung des Orientalen erklärt sich denn auch die allgemein zugestandene Tatsache, daß in keinem Lande der Welt ein energischer und scharf denkender Kopf so leicht zu höchster Macht und zu höchsten Ehrenstellen sich aufzuschwingen vermag, als in den Ländern des Orients. Mohammed ist der einzige Mann des Orients, der, zur Macht gelangt, von seiner Energie und seiner Gewalt einen weisen und vernünftigen Gebrauch zu machen wußte, indem er seinem militärisch-religiösen Staatssystem einen Karakter verlieh, durch den die guten Instinkte seines Volkes ausgenüzt wurden. Daher sein Erfolg, der von weit größerer Nachhaltigkeit gewesen wäre, wenn in einer langen Reihenfolge ähnliche Männer wie er und die ersten Kalifen sich folgten und ihren erzieherischen Einfluß ausübten. Das aber war wider die Natur der Dinge. Schwächlinge folgten, die üblen Einflüsse überwogen und gewannen die Oberhand, so war das Schicksal des Reichs besiegelt.

V. Die Rechtsentwickelung und die Rechtsinstitutionen.

Bei der Doppelrolle, die Mohammed als Stifter eine neuen Religion und als Gründer eines neuen Staatswesens spielte, mußten religiöse Glaubenssäze und politische Rechtsgrundsäze aufs engste miteinander verbunden sein. Der Koran, der die Aussprüche Mohammeds über die verschiedensten und heterogensten Dinge in bunter Reihenfolge enthält, ist das religiös-politische Gesezbuch der Mohammedaner. Die Aussprüche Mohammeds im Koran gelten als göttliche Offenbarungen; sie betreffen neben rein religiösen Weisungen und Moralgrundsäzen alle Verhältnisse des gewöhnlichen Lebens. Sie ergehen sich über die Ordnung der ehelichen Verhältnisse, enthalten Vorschriften über die Lebensweise, Spesen-Ge- und Verbote. Anordnungen über die täglichen Waschungen, verbunden mit Gebeten, über das Verhältnis zu Andersgläubigen, wobei Christen und Juden, weil im Besiz von Offenbarungsreligionen, als dem Islam Näherstehende anerkannt und darum größerer Nachsicht empfohlen werden.

Indem der Koran alle Mohammedaner als Gleichberechtigte und Brüder anzusehen befahl, wirkte er den Stammesrivalitäten entgegen und verhinderte die Bildung einer eigentlichen Aristokratie. Das Erbrecht für Stellen und Würden kennt der Koran nicht; diese Stellen sollte stets nur der Würdigste einnehmen und sie sollten durch Wahl der Gläubigen besezt werden. Daher auch das Kalifat nie als erblich anerkannt wurde. Wohl besaßen die Stämme, die Mohammed bei seinem ersten Auftreten freundlich aufgenommen und ihn unterstüzten, im Reich ein großes Ansehen und man räumte ihnen deshalb den Vorrang in der Besezung der wichtigsten Aemter ein, aber ein Recht besaßen sie darauf nicht. So ging durch den Islam ein streng demokratischer Zug; für jede Person war ohne Rücksicht auf ihren Stand die Erlangung der wichtigsten und einflußreichsten Staatsämter offen und wir sahen, daß selbst Anhänger anderer Religionen dazu gelangen konnten. Ein zu jener Zeit im christlichen Abendlande ganz unerhörtes Ereignis.

Mohammed selbst betrachtete sich zwar als den auserwählten Propheten Gottes, aber auch als einen einfachen sterblichen Menschen. Gegen die Auffassung des Christentums, daß Jesu Gottes Sohn sei, sprach er sich auf das schärfste aus; die Dreieinigkeitslehre betrachtete er als Vielgötterei und bezeichnete sie als noch Schlimmeres. Der im fünften und sechsten Jahrhundert in der Christenheit emporgekommene Heiligen- und Bilderdienst erschien ihm als Greuel. Von Jesu sagte er, daß er zwar auch ein Prophet gewesen, aber von einem gewöhnlichen Weibe geboren sei. Die christliche Lehre, daß Jesu Tod das Erlösungswerk für die sündige Menschheit bedeute, bezeichnete er als der Gerechtigkeit Gottes zuwider, der keinen Menschen für die Sünden anderer büßen ließe.

Bekanntlich erklärt sich das neue Testament zu Gunsten der Sklaverei; Mohammed spricht sich für Milderung des Looses der Sklaven und ihre Freigabe aus.»Wer einem rechtgläubigen Sklaven die Freiheit schenkt, erwirbt sich vor Allah ein großes Verdienst« und bestimmte, daß ein Teil der Erträgnisse der Armentaxe für die Loskaufung von Sklaven verwendet werde. Sich für absolute Aufhebung der Sklaverei auszusprechen, lag außerhalb der Fassungskraft des Zeitalters und seiner Sitten, sie währte auch im Abendland bis ins 14. und 15. Jahrhundert.

Mohammed verordnete ferner, daß Kinder einer Sklavin von einem Freien gezeugt, frei sein sollten; eine Auffassung, die jener des Abendlandes um jene Zeit, speziell jener in Deutschland direkt widersprach: dort war ein solches Kind unfrei. Auch durfte die Mutter eines solchen Kindes weder verkauft noch verschenkt werden. Zugestanden wird von den meisten Kulturhistorikern, daß die Behandlung der Sklaven durchschnittlich eine milde und menschliche war, und in die Gefangenschaft geratene christliche Frauen nicht ungern in die Serails gingen.

Die im Abendlande viel verbreitete Auffassung, der Koran lehre, man brauche Kezern nicht Wort zu halten, ist falsch. Diese Ansicht wurde bekanntlich im christlichen Mittelalter praktizirt, z. B. als Kaiser Sigismund Huß das gegebene Versprechen auf sicheres Geleit brach mit der Erklärung: Kezern brauche man nicht Wort zu halten. Es ist schon angeführt worden, daß arabische Rechtsgelehrte den Ausspruch taten: Geiseln frei zu geben, auch wenn die andere Partei den Vertrag breche; es sei besser Unrecht zu leiden, als Unrecht zu tun.»Sollte ein Gözendiener Schuz bei dir suchen, so versage ihm denselben nicht, damit er Gelegenheit habe, das Wort Gottes zu hören, und wenn er sich von der Wahrheit der Religion nicht überzeugen läßt, so gib ihm sicheres Geleit nach der Heimat«, so lehrt der Koran.

Ein eigentliches Priestertum bestand nicht, der Prediger wurde gewählt; es gab bestimmte politische Posten, mit denen das Predigtamt meist verknüpft war. Selbst der Kalife ward mehr als weltliches, denn als religiöses Oberhaupt angesehen. Das Mönchswesen (Derwischtum) entstand erst, als das Reich in Verfall gerieth, dem Arabertum was es stets fremd.

Wer vom Islam abfiel sollte getödtet und das nach seinem Abfall erworbene Vermögen konfiszirt werden. Dagegen sollte man Sekten dulden, wenn sie sich der Ernennung besonderer Behörden enthielten. So entstanden nach und nach nicht weniger als zweiundsiebenzig, die teilweise ganz kommunistischen Grundsäzen huldigten.

Neben dem Koran besteht im Islam als wichtigste religiöspolitische Schriftensammlung die Sunna, welche die Sammlung der Ueberlieferungen über den Lebenslauf und die Handlungsweise des Propheten und die Entscheidungen seiner nächsten Nachfolger enthält. Obgleich bald nach seinem Tode veranstaltet, als noch manche aus seiner Umgebung und namentlich seine Lieblingsgattin Aischa lebten, und mit großer Gründlichkeit vorgenommen, enthält sie doch manches Unwahrscheinliche. Hier zeigt sich die Schwierigkeit wahrheitsgemäßer Feststellung mündlicher Ueberlieferungen, und sie ward nur wenige Jahrzehnte nach Mohammeds Tod vorgenommen. Das Christentum stellte die Ueberlieferungen über seinen Religionsstifter bekanntlich erst nach mehreren Jahrhunderten zusammen, nachdem die langen Kämpfe mit den alten Anschauungen und die wütendsten Verfolgungen der neuen Lehre stattgefunden hatten, die Myten und Legendenbildungen so sehr begünstigen.

Die Sammlung der Ueberlieferungen, die als Sunna veröffentlicht wurde, ist von großem kulturhistorischem Werte, weil sie einen Einblick in die Beziehungen und die Entwickelung des Mohammedanismus im ersten Jahrhundert seines Bestehens gibt. Aber der Fleiß und die Gründlichkeit, mit der sie vorgenommen wurde, schützte sie nicht vor dem kritischen semitischen Geiste. » *Das erste absolute Erfordernis der Erkenntnis ist der Zweifel*« lautet der Ausspruch eines der bedeutendsten arabischen Gelehrten jener Zeit mit Bezug auf die Sunna.

Die Kritik und der Zweifel wurden am schärfsten unter den zahlreichen Sektirern geübt, die der Mohammedanismus erzeugte. Diese religiösen Kämpfe führten wie überall, wo sie im Mittelalter auftraten, auch zu politischen Unruhen, denn bis jezt ist in der Geschichte keine religiöse Sekte aufgetreten, die nicht auch bestimmte politische und soziale Ziele verfolgte. Die Menschen können sich troz ihren trandcendenten Bestrebungen von der Erde nicht loslösen und tragen auch im religiösen Fanatismus den irdischen Dingen mehr Rechnung, als ihnen selbst bewußt ist. Diese Sektenbildung förderten ganz besonders die überall unter den Mohammedanern zerstreut lebenden Christen und Juden, die vielfach aus Zweckmäßigkeitsgründen um Mohammedanismus übergetreten waren, ohne damit ohne weiteres auch ihren alten Ueberzeugungen zu entsagen. Menschen, die leicht den Glauben wechseln, glauben in der Regel sehr wenig. Diese Elemente bilden den geistigen Sauerteig. Da beschäftigte man sich in Schriften, in Büchern und in öffentlichen Disputationen mit philosophischer Gründlichkeit und Umständlichkeit mit den Fragen über das eigentliche Wesen und die Attribute Gottes, über die vermutliche Beschaffenheit der Hölle und die Art der Höllenstrafen, über die Vorherbestimmung und die menschliche Willensfreiheit, über den Ursprung des Guten und Bösen, ja die Vorgeschrittensten gingen bis zur Antastung aller Glaubenssäze. Das interessanteste bei diesen Kämpfen war, daß die Anhänger aller Religionen und Meinungen in öffentlichen Redeschlachten einander gegenüber traten und im Zungenkampf sich zu besiegen trachteten, und *das geschah lange Zeit ohne den geringsten Eingriff der Staatsgewalt in die Freiheit der Rede und Versammlung.*

Erst wenn solche Streitigkeiten, was manchmal geschah, in Tätlichkeiten ausarteten, weil schließlich jede Partei einen greifbaren Erfolg sehen wollte, wobei es dann vorkam, daß der Kampf sich auf die Straße erstreckte und zu Aufständen führte, schritt die Staatsgewalt ein und es folgten scharfe Bestrafungen. Namentlich waren es die Priester der verschiedenen Religionen, die am meisten zu solchen gewalttätigen Ausbrüchen beitrugen und harte Verfolgungen provozirten.

Diese Streitigkeiten und Disputationen hatten aber unter allen Umständen den Vorteil, daß sie zur Entwicklung der arabischen Sprache ungemein beitrugen, die Zahl der ins Arabische übertragenen Schriften gewaltig vermehrten und so wesentlich die Gründung jener großen öffentlichen Bibliotheken ermöglichten, deren später jede Stadt besaß. Dann beförderten sie das philosophische Denken, indem Jeder seinen Gegner mit Aufwand des größten Scharfsinns zu bekämpfen und zu widerlegen versuchte, und wirkten so befruchtend auf andere Wissenszweige ein. Endlich erweckten sie den Zweifel, indem man sich gegenseitig in seinen Ueberzeugungen erschütterte, und es gab unbefangene Männer genug, die schließlich die lezten Konsequenzen zogen und offen Ateisten wurden.

Wie die mohammedanische Religion vielfach christliche und jüdische Anschauungen in sich aufgenommen, so lagen den Rechtsanschauungen Ueberlieferungen des römischen Rechts zu Grunde. Arabien war ja von Ländern umgeben, die Jahrhunderte römisches Recht besessen hatten, wenn dieses auch den patriarchalischen Zuständen Arabiens fremd war. Anfangs war auch für Mohammed und seine ersten Nachfolger kein Grund vorhanden, römische Rechtsbegriffe in ihr Staatssystem aufzunehmen. Das änderte sich aber, als Länder höherer Kultur mit entsprechenden Rechtszuständen, die mehr oder weniger auf römischem und byzantinischem Recht basirten, unterworfen wurden. Wie nun die Araber bei all ihren Eroberungen die vernünftige Taktik befolgten, sich nicht in Rechts- und Gemeindeordnungen einzumischen, wenn nicht das Staatsinteresse, in erster Linie also ihre Steuer- und Militärverfassung dies erforderte, so verfolgten sie andererseits die Taktik, fremde Staats- und Rechtseinrichtungen willig aufzunehmen und entsprechend zu gestalten, wo ihr eigenes Staatsinteresse es ihnen gebot.

Ihr Rechtssystem entwickelte sich eben so rasch wie das Reich selbst zu einem festgegliederten und wohlgeordneten Bau. Die Araber waren geborene Systematiker und besaßen großes organisatorisches Genie, denn Alles, was sie anfaßten, nahm unter ihren Händen eine feste und wohlgeordnete Gestalt an, grade weil sie dem Hang zum starren Festhalten nicht verfielen. Es kann hier nicht die Absicht sein, das Rechtssystem in seinen Einzelheiten zu verfolgen. Es genügt hervorzuheben, daß die Araber das *einzige* Volk im ganzen Mittelalter waren, die ein wissenschaftlich bearbeitetes Rechtssystem besaßen. Sie waren auch die Begründer des Wechselrechts. Wie die Gelehrten sich bemühten, die Ueberlieferungen Mohammeds und seiner ersten Nachfolger gewissenhaft zu sammeln und zu ordnen und kritisch zu beleuchten, so fuhren sie auch fort, alle Gebiete des Staats- und öffentlichen Lebens gewissenhaft zu untersuchen und überall Rechtsnormen aufzustellen. Dadurch bildeten sich sehr frühzeitig juristische Schulen und Lehrsysteme, die entweder nach den Orten, von denen sie ausgingen, ihren Namen entlehnten, wie z. B. die Rechtsschule von Medina, oder sich nach ihren hervorragendsten Begründern nannten, wie z. B. das hanyfatische Rechtssystem nach Abu Hanyfa, seinem berühmten Gründer, genannt wurde.

So bildete sich ein Staatsrecht, in dem sorgfältig die Pflichten und Rechte des Herrschers und die Art seiner Ernennung, die Rechtsverbindlichkeiten, die das Volk gegen ihn hatte und im gegebenen Fall auch zurücknehmen konnte, erörtert wurden, und zwar mit einer Freiheit der Meinungsäußerung, die auf unseren heutigen Universitäten nicht größer sein kann. Den Fürsten zu tödten oder abzusezen, wenn er schlecht regiere, war ein allgemein anerkannter öffentlicher Lehrsaz.

Es entstanden ferner das Eherecht, Klienten- und Sklavenrecht, das Vertragsrecht, in dem der Ackerbauvertrag besonders berücksichtigt wurde. Das Wasserrecht und das schon erwähnte Wechselrecht. Eine original-arabische Leistung ist der Erbrecht. Wichtige Gebiete von der Staatsrechtspflege waren das Kriegs- und Militärrecht, das Steuerrecht, Strafrecht, Verwaltungs- und Polizeirecht. All diese Rechtsabhandlungen nahmen auf das religiöse Gesez, den Koran, Bezug und trugen die bezüglichen Stellen an ihrer Spize.

Eine der wichtigsten sozialen Institutionen ist die Ehe. Das arabische Eherecht kurz zu erörtern ist wichtig, weil viel falsche Ansichten darüber verbreitet sind. Vorausgeschickt sei, daß die Frauen zu Mohammeds Zeit eine weit höhere soziale Stellung besaßen, als später im Orient. Namentlich ist türkischer und persischer Einfluß verhängnisvoll gewesen, besonders die Einführung des Harems. So war z. B. in den ersten hundert Jahren des Islams das Verschleiern der Frauen und ihre Fernhaltung von anderen als ihren Ehemännern nicht Sitte. Hervorragende arabische Rechtsgelehrte, wie der schon genannte Abu Hanyfa, vertraten sogar die Ansicht, *daß die Frau zum Richteramt zuzulassen sei.* Auch gab es lange Zeit Frauen, die sich mit wissenschaftlichen Studien befaßten und öffentlich Vorlesungen hielten; als Dichterinnen traten sie namentlich am Hofe von Kordova auf, wo sie ein freies und ungebundenes Leben führten.

Die Polygamie ist im Orient eine uralte Sitte, die auch bekanntlich ehemals bei den Juden bestand, sie brauchte also durch Mohammed nicht erst eingeführt zu werden. Tatsächlich bestand sie von jeher nur für die Wohlhabenden, sie verbot sich für die größte Zahl der Männer aus zwei sehr durchschlagenden Gründen von selbst. Erstens ist die Zahl der Frauen selten größer jene der Männer, zweitens fehlen den meisten Männern die Mittel, mehrere Frauen und ihre Kinder zu erhalten. Für die Araber gestaltete sich die Möglichkeit der Polygamie insofern günstig, indem sie als das siegende, herrschende Volk, dem die Beute zufiel, den Besiegten, wenn sie Glaubensfeinde waren, die Frauen nahmen oder auch von fremden Völkern kauften. Wo aber mehrere legitime Frauen in einem Haushalt waren, galt eine als die erste, sie war die eigentliche Gattin.

Das arabische Eherecht bestimmte, daß eine Ehe giltig sei, wenn die Brautleute in Gegenwart zweier Zeugen freien Standes und mohammedanischen Glaubens eine diesbezügliche Erklärung abgaben. Der Moslim konnte eine giltige Ehe mit jeder Frau schließen, die einer geoffenbarten Religion (Christentum, Judentum) anhing, nur mit Frauen, welche der Religion der Feueranbeter und Gözendiener huldigten, war die Ehe verboten. Man bemerke den großen Unterschied zwischen mohammedanischer und christlicher Auffassung. Ehen mit Juden eingehen zu dürfen, ist z. B. in Deutschland erst eine Errungenschaft der neuesten Zeit. Keine Jungfrau durfte wider ihren Willen zur Heirat gezwungen werden; war sie mündig, so konnte sie ohne Einwilligung der Eltern heiraten und genügte eine entsprechende Erklärung vor zwei gültigen Zeugen. Heiratete ein Moslim eine Jüdin oder Christin, so wurden auch Zeugen von deren Religion als gültig zugelassen. Der Priester oder irgend ein Staatsbeamter hatte mit der Eheschließung absolut nichts zu tun. Stellte die Frau vor der Ehe dem Manne die Bedingung, daß er keine zweite Frau neben ihr heirate, oder sie gegen ihren Willen nicht von ihrem Geburts- oder Wohnort in die Fremde führe, so war der Mann an diese Bedingungen gebunden. Brach er den Vertrag, so hatte er der Frau das bedungene Heiratsgut zu verabfolgen und die Ehe war gelöst.

Ein freier Mann durfte bis vier legitime Frauen heiraten, einerlei ob freie Frauen oder Sklavinnen; der Sklave nur zwei und bedurfte er dazu der Einwilligung seines Herrn. Nahe Verwandtschaftsgrade verboten die Ehe; so durfte kein Mann Schwestern zugleich zu Frauen haben.

In Bezug auf die Ehescheidung war die Frau gegen den Mann sehr im Nachteil. Der Mann konnte jederzeit die Ehe auflösen unter der Voraussezung, daß er der Frau das Heiratsgut herausgab, doch mußte er ihr während der sogenannte Iddazeit, die drei Monate nach der Kündigung des Vertrages währte, Kost, Wohnung und Unterhalt gewähren.

Wollte die Frau die Ehe lösen, so mußte sie ein körperliches Ge- brechen des Mannes nachweisen und hatte dann der Richter zu entscheiden; oder sie mußte ihn des Ehebruchs zeihen und diese Beschuldigung durch vier glaubwürdige Zeugen beschwören lassen können. Eine sehr schwere Möglichkeit. Auch konnte sie in Folge häuslicher Zwistigkeiten loskommen, wenn sie sich loskaufte oder das Heiratsgut preisgab. Für eine Witwe war die Iddazeit, während welcher sie nicht heiraten durfte, vier Monate und zehn Tage, und im Fall ihrer Schwangerschaft endigte diese vierzig Tage nach der Entbindung.

Im Todesfall des Mannes konnte die erste Frau auf die Hälfte, die andere auf ein Viertel des Nachlasses Anspruch machen, wenn nicht direkte Leibeserben vorhanden waren. Gab es solche, so er- hielt die erste Frau ein Viertel, die andere ein Achtel. Töchter hatten wie die Söhne auf die Hälfte des Nachlasses Anspruch und ebenso deren direkte Leibeserben (Enkel).

Die Bestimmungen des Erbrechts verbesserten die Stellung der arabischen Frauen, die vordem kein Erbrecht besessen, wesentlich und machten sie dem Islam geneigt.

– – – – –

Die Richter (Kadis) wurden vom Kalifen oder seinen Vertretern, den Wezyrs und den Statthaltern, ernannt. Ein Richter mußte mündigen Alters, im vollen Besiz seiner geistigen Fähigkeiten, von freiem Stande und unbescholten sein. Er mußte ferner sich zum Islam bekennen und die nötige Kenntnis der Geseze besizen. Der Kadi mußte zu seiner Ernennung seine Zustimmung geben und mußte sich verpflichten, gerecht und unparteiisch zu richten.

Es gab Kadis mit beschränkter und unbeschränkter Vollmacht. In lezterem Falle hatten sie noch allerlei Nebenverrichtungen zu erfüllen; sie sollten die Verehelichung der Witwen mit tüchtigen Männern betreiben; sie hatten die Straßen- und Baupolizei und die Verwaltung der Stiftungen ihres Sprengels. Häufig kassirten sie auch die Armentaxe und versahen die Funktionen des Vorbeters und Predigers bei dem Freitagsgebet.

Geschenke anzunehmen war ihnen verboten, auch durften sie zu Gunsten ihrer nächsten Verwandten weder urteilen noch Zeugnis ablegen; dennoch waren die Klagen über ihre Parteilichkeit sehr häufig.

Als oberste Instanz in allen Rechts- und Beschwerdesachen des Reichs galt der Kalife oder sein Stellvertreter. Es waren bestimmte Tage angesezt, wo Jedermann seine Klagen und Beschwerden vorbringen konnte, und wurden in der Regel Rechtsgelehrte und Verwaltungsbeamte nebst ihren Schreibern zu den Gerichtssizungen zugezogen. Die Verhandlungen vollzogen sich in vollster Oeffentlichkeit, gewöhnlich vor der Eingangstüre zur Moschee. –

Das Amt der Polizeivogts in den Städten war über die Marktordnung, richtiges Maß und Gewicht zu wachen und gegen säumige Schuldner einzuschreiten. Er hatte ferner die öffentliche Moral und die Beachtung der religiösen Vorschriften zu überwachen, die Vaterschaftsklagen zu untersuchen, Sklaven und Dienstleute vor Mißhandlungen zu schüzen und den öffentlichen Verkauf von Wein zu bestrafen.

Durch das ganze Rechtssystem des Islam zog sich der Grundsaz, daß der Moslimen doppelt so hoch zu bestrafen sei, als der Ungläubige, weil lezterer tiefer stehe als er, Vergehen, die er sich zu schulden kommen lasse, also weit weniger zu verzeihen und stärker zu ahnden seinen.

Die Sühne für Vergehen und Verbrechen war sorgfältig abgestuft und das Strafmaß genau bemessen. Bei Körperverlezungen galt in des Wortes vollster Bedeutung der alttestamentarische Saz: »Auge um Auge, Zahn um Zahn«. Verzichtete der Verlezte auf die physische Bestrafung seines Widerparts, was er konnte, dann hatte dieser ein entsprechendes Sühnegeld zu erlegen. Haftstrafen wurden milde gehandhabt, *Untersuchungshaft sollte über einen Monat* nicht ausgedehnt werden können. Freilich gestaltete sich in der Praxis manches anders, als der Gesezgeber es gewollt. Aber bekanntlich ist das nicht blos im Orient der Fall.

VI. Wissenschaftliche Entwickelung und Dichtkunst.

Die wissenschaftlich gebildeten Araber und Orientalen des Kalifenreichs unterschieden sich in einem wesentlichen Punkt von denen des Abendlandes. Es waren keine Fach- oder Brodgelehrten, die sich ausschließlich nur mit ihrer Wissenschaft beschäftigten, sondern Männer des praktischen Lebens: Kaufleute, Händler, Handwerker und Beamte. Das war kein Fehler. Diese Männer warfen sich aus innerem Antrieb auf das wissenschaftliche Studium und weil mitten im strömenden, praktischen Leben stehend, verfielen sie nicht den Einseitigkeiten des Stubengelehrtentums. Die gelehrten Araber studirten und verglichen das Studirte mit dem praktischen Leben und wandten, wo sie konnten, es darauf an. Dies gab den wissenschaftlichen Studien eine sehr populäre Richtung, Erfahrungen und Beobachtungen erlangten eine hohe Anerkennung, und so kamen namentlich verschiedene Zweige der Naturwissenschaft zu hoher Entwicklung.

Im Abendland besteht noch heute meist zwischen Gelehrten und Volk eine weite Kluft, als seien beide Wesen ganz verschiedener Gattung und gingen sich gegenseitig nichts an. Unsere Gelehrten verstehen vom praktischen Leben in der Regel blutwenig, sie laufen darin wie Fremde umher und haben darum auf das Volk sehr wenig Einfluß, gegen das sie im ganzen eine ziemliche Verachtung hegen; sie kennen seine Kräfte nicht und wissen es nicht zu schäzen. Anders der Araber. Um ein wissenschaftliches Werk zu schreiben genügte nicht dem arabischen Gelehrten vorhandene Werke zu studiren, er wollte auch möglichst selbst sehen und hören und darnach urteilen. So sehen wir denn viele dieser Männer, die sich mit Naturkunde, Geschichte, Geographie, Rechtskunde, Religion u. s. w. befaßten, den Wanderstab in die Hand nehmen, oft viele Jahre lang das weite Reich von einem Ende bis zum anderen, und zwar vornehmlich zu Fuß, durchwandern. Sie durchkosten alle Lebenslagen, sehen, hören, fragen, studiren und notiren das Wahrgenommene sorgfältig und gewissenhaft und verarbeiten, zu Hause angekommen, Studirtes und Erlebtes zu mächtigen Werken. Daher kommt es, daß, seitdem es in Europa Sitte wurde, die arabische

Literatur zu studiren – leider haben mongolische Barbarei und christlicher Fanatismus während der Kreuzzüge in Vorderasien und Palästina und nach der Vertreibung der Araber aus Spanien hunderttausende arabischer Schriftwerke zerstört – wir über die Zustände im mohammedanischen Weltreich besser unterrichtet sind, als über diejenigen in unsern europäischen Kulturländern im Mittelalter.

Der Unterschied zwischen Mohammedanismus und Christentum war der. Die Araber *sammelten* bei ihren Eroberungen sorgfältig alle Werke, die ihnen zum Studium und zur Belehrung über die besiegten Völker und Länder dienen und Nuzen stiften konnten; die Christen *zerstörten* bei der Ausbreitung ihrer Lehre alle dergleichen Kulturdenkmäler als Werke des Satans und heidnische Greuel, die ein guter Christ so rasch als möglich vernichten müsse.

Von Mohammed wird ein Ausspruch inbezug auf die Wissenschaft mitgeteilt, welcher lautet:»Wer sein Haus verläßt, um der Wissenschaft nachzuforschen, der wandelt auf dem Pfade Gottes bis zu seiner Heimkunft.« Und in einem anderen seiner Aussprüche sagt er:»Wer eine Reise macht, um der Wissenschaft nachzugehen, dem erleichtert Gott auch den Weg zum Paradiese.« Der Kalife Aly äußerte:» *Der größte Schmuck eines Mannes ist Bildung. Auszeichnung im Wissen ist die höchste aller Ehren.* Derjenige stirbt nicht, welcher sein Leben der Wissenschaft weiht.« Mit anderen Worten, er lebt in seinen Werken unsterblich. *Neunhundert* Jahre später predigte der große Reformator *Luther*, von dessen Auftreten viele eine neue Aera für die Geistesfreiheit Europas ableiten, gegen » *die verfluchte Hure Vernunft*« und fordert die Censur für alle Schriften und die Verfolgung aller in religiösen Dingen von ihm Abweichenden.

Im christlichen Mittelalter wurde jeder Gelehrte, der wagte den leisesten Zweifel über die Wahrheit der Kirchendogmen zu äußern, als Kezer verfolgt und womöglich dem Scheiterhaufen überliefert; dagegen bot der Kalife Almaimon dem byzantinischen Kaiser Theophilus einen Zentner Gold und ein ewiges Bündnis zum Frieden, wenn er ihm den Philosophen *Leo* auf einige Zeit zur Belehrung senden wolle. Und er sezte diesem Anerbieten hinzu:»Laß nicht Verschiedenheit der Religion oder des Landes Dich bewegen, meine Bitte zu verweigern. Tue, was Freundschaft einem Freunde zuge-

stehen würde.« Der hochmütige Byzantiner hatte auf dieses entge-
genkommende und ehrende Anerbieten nur die feindselige Ant-
wort: »Die Gelehrsamkeit, welche den römischen Namen verherrlicht, soll nie einem Barbaren mitgeteilt werden.« Noch einige andere Tatsachen seien angeführt, in denen der gewaltige Unterschied
zwischen dem Mohammedanismus und dem christlichen Abendland in jener Zeit grell zu Tage tritt. Im *siebenzehnten* Jahrhundert
verbot noch die französische hugenottische Geistlichkeit, also Pro-
testanten, ihren Anhängern streng, ihre Kinder auf katolische Gym-
nasien zu senden oder sie von einem katolischen Lehrer unterrich-
ten zu lassen, hingegen sezte schon im *neunten* Jahrhundert der
Kalife Harun al Raschid *das Oberhaupt der christlichen Sekte der Nesto-
rianer zum obersten Leiter des gesammten Schul- und Bildungswesen
seines Reichs ein und gab ihm seine Kinder zur Erziehung.* So stark waren die Gegensäze zwischen Christentum und Mohammedanismus.

Während im christlichen Abendland der Wunder- und Reliquien-
schwindel bei Hoch und Niedrig in üppigster Blüte stand, niemand
vom Wesen des menschlichen Körpers und der menschlichen
Krankheiten und ihrer Heilung genauere Kenntnisse hatte, betrieben die Araber eifrig das Studium der Medizin, gab es hochge-
schickte männliche und *weibliche* Aerzte bei ihnen und gestatteten
sie jedem, ohne Unterschied des Glaubens, sich dieser nüzlichen
Wissenschaft zu widmen und ihre Lehranstalten zu besuchen.

Diesen offenkundigen Tatsachen gegenüber ist es z. B. schwer
begreiflich, daß noch bis heute zahlreiche europäische Schriftsteller
behaupten, die große Bibliotek in Serapeum zu Alexandrien sei
durch mohammedanische Barbarei, und zwar bei der Eroberung
Alexandriens durch Omar, der seine Bäder mit den Schriftwerken
beheizt habe, zerstört worden. Die Wahrheit ist, daß sie dem Fanatismus der Christen unter der Führung ihres Bischofs, des heiligen
Theophilus, im Jahre 391 mit all ihren astronomischen, physikalischen und matematischen Instrumenten zum Opfer fiel und ver-
nichtet ward. 410 folgte dann der heilige Cyrill dem Beispiel seines
Vorgängers, daß er die lezte Vertretung alexandrinischer Gelehrsamkeit, die schöne aber heidnische Hypatia, aufs grausamste er-
morden ließ. Mit der Vernichtung des Serapeums war die lezte
Stätte antiker Gelehrsamkeit zerstört. Das Wissen floh in die Wüste
und in die Einsamkeit, wo verfolgte Juden und Sektirer ihm heim-

lich eine Stätte bereiteten, bis nach mehr als zwei Jahrhunderten die Gründung des Araberreichs die Wissenschaft wieder aufatmen ließ und sie zu neuem und höherem Glanze gelangte.

In der Medizin waren es besonders die Juden, zu denen die Araber in die Lehre gingen. Ausgezeichnet als Arzt war Maser aljaivah, der die Stelle des Leibarztes bei dem Kalifen Moawija bekleidete und auch als Dichter und Philosoph einen großen Ruf besaß. Harun, ein jüdischer Arzt in Alexandrien, schrieb die erste Abhandlung über die Kinderblattern, die aber verloren ging. Der später lebende arabische Arzt Rhazes (Rhazy) verfaßte eine noch vorhandene wertvolle Abhandlung über die Menschenblattern. Mansur schrieb in zehn Büchern eine Abhandlung über das ganze Gebiet der Medizin, und bildete dieses Werk später auf europäischen Universitäten das Hauptlehrbuch für den medizinischen Unterricht. Aber der berühmteste von allen arabischen Aerzten war Avicenna, dessen System der Heilkunde während des ganzen Mittelalters Europa beherrschte.

Eine Anzahl Medikamente, die heute noch bei uns in Gebrauch sind, stammen von den Arabern. Es gab wohlausgerüstete Apoteken und große encyclopädische Werke, die das Studium der Medizin erleichterten.

Viele Kalifen wetteiferten teils aus wirklichem wissenschaftlichem Interesse, teils aus Ruhmbegier und Ehrgeiz in der Unterstüzung aller dieser Bestrebungen, namentlich beförderten sie die Uebersezung tausender von altägyptischen, indischen, persischen und griechischen Schriftwerken, die dadurch erst dem übrigen Europa zugänglich gemacht wurden. So wurden die Werke des Aristoteles dem Abendland erst durch die Araber bekannt und war der berühmte Averrhoës zu Cordova sein Hauptkommentator. Bekanntlich bildete Aristoteles die Hauptstüze für die scholastische Philosophie des Mittelalters.

Dieses ganze geistliche Leben konzentrirte sich in den großen Städten des Reichs. Hier wurden mächtige öffentliche Bibliotheken gegründet, deren Bagdad zur Zeit seiner Eroberung durch die Mongolen allein zwanzig gehabt haben soll, und diese Bibliotheken wurden mit Gelehrtenschulen verbunden. Den Wissensdurstigen wurde durch die Gründung von Herbergen, die für ein Billiges ein bequemes Unterkommen gewährten, unter die Arme gegriffen. Kalifen, hohe Würdenträger und reiche Private wetteiferten in solchen Hilfsleistungen, stifteten große Vermächtnisse und Stipendien. Auch legten Private sich häufig Büchersammlungen mit kostbaren Einbänden an, und erzielten seltene Bücher enorme Preise. Es sind Fälle bekannt, wo bis zu 1500 Dirham für ein Werk bezahlt wurden.

In den Naturwissenschaften waren die Araber in verschiedener Richtung bahnbrechend. Die Astronomie wurde schon der Astrologie halber stark gepflegt. Der Glaube an Sterndeutung ist ein uralter und es ist bekannt, daß selbst große Geister der Neuzeit ihr noch huldigen, so Wallenstein und Napoleon. Mit der Astronomie gehen Matematik und Physik Hand in Hand und in beiden Wissenschaften wurden ebenfalls namhafte Fortschritte erzielt. Auf dem Observatorium zu Bagdad wurde die Schiefe der Ekliptik (Sonnenbahn) festgestellt.

Diese ward innerhalb dreier Jahrhunderte fünfmal berechnet und stimmen die arabischen Berechnungen mit den unseren ziemlich genau überein, sie verhalten sich wie 23° 35' zu 23° 27' 30". Die Araber führten ferner die Messung eines Grades des Meridians aus, was die genaue Kenntnis der Kugelgestalt der Erde voraussezt, wahrscheinlich durch die Werke des Ptolemäus. Die indischen astronomischen Tafeln übersezten sie ins arabische, ebenso die Tafeln des Ptolemäus, die sie einer Revision und Berichtigung unterwarfen. Sie besaßen Fernrohre mit Okular- und Objektivdioptern von hoher Vollkommenheit und sollen sie bereits die Sonnenflecke bemerkt haben. Der Astronom Abderahman Sufis suchte die Lichtmessung der Sterne zu verbessern; der Matematiker Alhazan berechnete die Zeit durch Pendelschwingungen, wie denn bekanntlich der Kalife Harun al Raschid schon Karl dem Großen eine kostbar gearbeitete Wasseruhr verehrte, die als ein Wunder der Mechanik und künstlerischer Arbeit angestaunt wurde. Ueber das Apogäum – den Punkt in der Bahn des Mondes, in dem dieser am weitesten von der Sonne absteht – machte der Astronom Alzakal eine Menge Beobachtungen und berechnete dasselbe auf 49 ½ bis 50, während es jezt auf 50,1 berechnet worden ist.

Die Algebra verdankt Europa den Arabern, ebenso große Fortschritte in der Geometrie und Trigonometrie. Die Werke des Euklid und Archimedes wurden von ihnen übersezt. In der Optik stellte Alhazen eine Teorie des Sehens auf, von der noch heute vieles als richtig anerkannt wird, auch entwarf er Tabellen über die spezifische Schwere der Körper, die richtiger sind, als jene der im vorigen Jahrhundert bei uns berechneten. Alhazan stellte ferner bemerkenswerte Teorien über die Schwere der Luft und die Gleichgewichtslehre auf, auch versuchte er die Höhe der Erdatmosphäre zu messen. Der Gravitationsteorie, die später Newton entdeckte, kam er sehr nahe.

Unsere Zahlen sind arabischen Ursprungs, doch entnahmen sie die Araber den Indern. Die Chemie entwickelte sich bei den Arabern, wie später in Europa, aus der Alchemie. Man wollte die Kunst, Gold zu machen, lernen und das Lebenselexir erfinden, das alle Krankheiten heilen sollte. Man erfand weder das eine noch das andere, aber man machte Erfindungen, welche der Welt nüzlicher waren. So entdeckte der Chemiker Djafar schon gegen Ende des 8. Jahrhunderts die Salpetersäure und das Königswasser, also die Möglichkeit, Gold aufzulösen. Von ihm sind auch Beschreibungen über verschiedene chemische Prozesse und Apparate vorhanden. Der Arzt Rhazes beschreibt die Gewinnung des Alkohols und der Salpetersäure; Achilt Berhil entdeckte die Zubereitung des Phosphors. Das Pulver wurde schon gegen Ende des 8. Jahrhunderts bei den Arabern erfunden, das sie aus Schwefel, Holzkohle und Salpeter bereiteten, doch scheint es zu Kriegszwecken erst sehr viel später angewandt worden zu sein. Die künstliche Eisbereitung, die Europa erst im 16. Jahrhundert kennen lernte, war ihnen gleichfalls bekannt. Aus den Schriften Gebers (Gebert, eines christlichen Geistlichen, der bei den Arabern in Spanien seine Studien gemacht, später Erzbischof von Rheims und ums Jahr 1000 sogar den päbstlichen Stuhl als Sylvester II. bestieg) geht hervor, daß ihnen eine Menge von Chemikalien, als Vitriol, Alaun, Salmiak, Soda, Alkali u. s. w. bekannt waren.

Angeführt sei hier, daß Pabst Sylvester II. (Gebert) bereits 1004 an Gift starb, und noch lange nach seinem Tode in der Christenheit die schauerlichsten Gerüchte von seinen geheimnisvollen Künsten umgingen, die er bei den Ungläubigen, durch einen Pakt mit dem Teufel, der ihn auch schließlich geholt, erlernt habe.

In der Zoologie, Botanik und Mineralogie waren die Arbeiten der Araber nicht bedeutend.

In der Zoologie hielten sie sich ganz an Aristoteles, dagegen leisteten sie in der Botanik besseres. Die geschlechtliche Verschiedenheit der Pflanzen war ihnen bekannt, auch die Eigenschaften des Saftes und der Zeitperioden. In der Mineralogie war es hauptsächlich Byruny, der Untersuchungen über die Natur und Dichtigkeit der Minerale und Metalle anstellte und vermittelst einer von ihm konstruirten Wasserwage Wägungen vornahm, die fast ganz mit unseren heutigen Resultaten übereinstimmen. Für das Entstehen der Edelsteine hatten sie eine eigene Teorie, man suchte sie sich als aus den Metallen entstanden zu erklären und zwar vermittelst eines Prozesses, in dem Hize und Feuchtigkeit und ihre Gegensäze, Kälte und Trockenheit, wirkten.

Das Interesse der Araber von Alters her für die Geschichte ihrer Abstammung und Entwicklung und die Taten des Stammes, dem sie angehörten, mußte, sobald sie Herren eines großen mächtigen Reiches waren, den Wunsch bei ihnen erwecken, auch die Geschichte dieses Reiches genau niederzuschreiben und die Geschichte der einzelnen Provinzen und Länder ihres Reiches kennen zu lernen. Mit der Sammlung der Ueberlieferungen des Propheten und seiner nächsten Nachfolger begann auch eine genaue Aufzeichnung der geschichtlichen Taten und Ereignisse. Große umfängliche Geschichtswerke entstanden, in denen man, an die biblische Sage von der Entstehung der Welt anknüpfend, die ganze Entwicklungsgeschichte der Araber und der mit ihnen in Berührung gekommenen Völker darstellte. An den Kalifenhöfen selbst wurde einer genauen Aufzeichnung aller wichtigeren Vorgänge große Wichtigkeit beigelegt; es gab ständige Chronisten, die mit diesen Aufzeichnungen betraut wurden, deren Werke man herbeibrachte und nachschlug, wenn es galt irgendeine Tat eines früheren Kalifen oder ein geschichtliches Ereignis festzustellen. Auch wurden große Geschichtskompendien, alphabetisch wohlgeordnet, zusammengestellt, aus denen die Abstammung und Vergangenheit der hervorragenderen Familien und der einzelnen Stämme, die geschichtlichen Ereignisse und alles auf den Propheten und seine Familie bezughabende zu ersehen war.

Von einem der frühesten und berühmtesten Geschichtsschreiber, Handany, ist ein Werk vorhanden, das nicht blos eine Geschichte der südarabischen Stämme enthält, sondern auch wichtige Aufschlüsse über die Topographie des Landes, seine Altertümer, die alte Sprache und ihre Schriftdenkmale gibt. Von einem anderen Gelehrten, Masudy, liegt ein Werk vor, worin dieser in naturgetreuer Schilderung ein Bild von den Ländern und Völkern und ihren Zuständen entrollt, die er auf seinen langen und weiten Reisen in Persien, Indien, auf Ceylon und Madagaskar, ferner in den Ländern des Kalifenreichs vom Kaspischen bis zum Roten Meer kennen lernte. Von Byruny existirt ein wertvolles Werk über Chronologie und ein anderes über Indien, wie denn dieser Gelehrte sich auch durch seine sehr bedeutenden geographischen und astronomischen Kenntnisse und Berechnungen auszeichnete.

In der geographischen Literatur ist ein Werk Istachrys, das eine genaue Beschreibung Persiens mit Bezugnahme aus Handel, Produkte, Gewerbe und Bevölkerungs-Verhältnisse enthält, von höchstem Wert. Ein anderes großes geographisches Werk ist das Mokkadasy aus dem neunten Jahrhundert, welcher das ganze Kalifenreich mit Ausnahme von Sind und Spanien bereiste, überall sich aufhielt, studirte und die genaueste Beschreibung des Erlebten gibt. Doktor Sprenger, einer der eifrigsten Forscher in der arabischen Literatur, versichert, daß es nach seiner Ansicht nie einen Geographen gegeben, der so viel gereist, so scharf beobachtet und zugleich das Gesammelte so planmäßig verarbeitet habe. Solcher wandernder Gelehrter gab es viele, die sammelten und beobachteten und über das Erlebte in umfänglichen Werken berichteten.

Auch geologische Studien wurden von den Arabern ins Werk gesezt, und es ist namentlich der berühmte Avicenna, der schon die Ideen über Vulkanismus und Neptunismus entwickelte, Ideen, die unsere Naturforscher bis in die neueste Zeit in Atem und in zwei getrennte Lager gehalten haben.

Bei solcher geistiger Regsamkeit auf fast allen Gebieten menschlichen Wissens konnte auch die eigentliche spekulative Wissenschaft, die Philosophie, nicht zurückbleiben. Der semitische Geist ist seinem Wesen nach sehr zur Kritik und zum Zweifel geneigt, der Zweifel aber ist alles Wissens und Forschens notwendige Voraussezung. Es wurde schon berichtet, wie arabische Gelehrte bei den Untersuchungen über den Koran und die Sunna den Zweifel als unumgängliche Voraussezung für eine wahrheitsgemäße Feststellung bezeichneten, ferner wie die Anhänger der verschiedenen Religionen und Sekten sich zusammenfanden, um über die wichtigsten religiösen Streitfragen zu disputiren. Ergözlich zu lesen ist eine Schilderung, die ein ortodoxer Mohammedaner aus Spanien, von einer Reise nach Bagdad zurückgekehrt, über einige seiner Besuche solcher Disputationen seinen Bekannten gibt. Er erzählt: »Ich war zweimal bei ihren Zusammenkünften, aber ich hütete mich, zum dritten Male hinzugehen. Warum? – Stellt Euch vor, bei der ersten Versammlung waren nicht blos Mohammedaner von allen Sekten anwesend, Ortodoxe und Heterodoxe, sondern auch Feueranbeter (Parsen), Materialisten, Ateisten, Juden und Christen, kurzum Ungläubige jeder Art. Jede dieser Sekten hatten ihren Sprecher, der ihre Ansichten verteidigen mußte. Trat einer dieser Parteihäuptlinge in den Saal, so erhoben sich Alle ehrerbietig und Niemand sezte sich, ehe er Plaz genommen hatte. Als der Saal nahezu angefüllt war, nahm einer der Ungläubigen das Wort und sprach: »Wir haben und versammelt, um zu disputiren; Ihr Alle kennt die Vorbedingungen; Ihr Mohammedaner dürft uns nicht mit Beweisgründen bekämpfen, die aus Eurer Schrift geschöpft sind, oder auf die Reden Eures Propheten sich stüzen; denn wir glauben weder an dieses Buch noch an Euren Propheten. Jeder der Anwesenden darf sich nur auf Gründe berufen, die aus der menschlichen Vernunft entnommen sind.« Diese Worte wurden allgemein bejubelt und Ihr werdet begreifen, daß ich, nachdem ich solche Reden gehört hatte, keine Lust fühlte, diesen Versammlungen weiter beizuwohnen. Man beredete mich doch noch, eine andere Zusammenkunft zu besuchen und ich ging auch; es war aber derselbe Skandal.«

Welch ein gewaltiger Unterschied zwischen dieser Blütezeit des Islam und dem Christentum bis in unser Jahrhundert. Eine solche Sprache auf den Katedern unserer Universitäten geführt, wie sie in jenen Disputationen geführt wurde, würde vor nicht langer Zeit dem Sprecher Amt und Stellung gekostet haben, und noch heute findet kein Professor Anstellung, wenn man von vornherein von ihm weiß, daß er nicht gewillt ist, seine freigeistige Meinung möglichst zu verbergen. Die unverständliche Sprache unserer älteren deutschen Philosophen ist hauptsächlich dem Umstand geschuldet, daß sie den Regierungen gegenüber nicht wagen durften, offen mit der Sprache herauszugehen, ohne die sichere Aussicht gemaßregelt zu werden. Sie mußten, bevor noch Talleyrand seinen berühmten Ausspruch getan, die Sprache benuzen, um ihre Gedanken zu verbergen.

Es bildeten sich in Folge dieser philosophischen Kämpfe und Untersuchungen rationalistische Schulen, die schließlich in ihren Schlüssen kühn bis zu den lezten Konsequenzen gingen. Eine dieser rationalistischen Schulen waren die Motaziliten (Dissidenten), welche die Prädestination, die Lehre von der Vorherbestimmung und Gnadenwahl, wie sie im Koran in Uebereinstimmung mit der christlichen Lehre des heiligen Augustin und später Calvins gelehrt wurde – verwarfen und die menschliche Willensfreiheit vertraten. Die menschliche Vernunft sein allein entscheidend, der Koran als Menschenwerk enthalte nur die Lehren eines gottbegeisterten Mannes. Die mohammedanischen Ortodoxen bemühten sich nämlich später, ähnlich wie es die christlichen Eiferer mit der Bibel machten, den Koran als von Gott selbst kommend, als unerschaffenes Werk darzustellen, und in diesen Lehren fanden sie an den Motaziliten die heftigsten Gegner. Ihre dissidentischen Lehren herrschten lange Zeit auf dem Kalifentrone, einige Kalifen bekannten sich sogar zum vollkommensten Ateismus. Vom Dichter Abul Ala rührt der Ausspruch: »Die Menschen haben zwei Klassen: die Einen haben Verstand aber keinen Glauben, die Anderen haben den Glauben aber keinen Verstand.«

Maarry und Averroês lehrten einen vollkommenen Panteismus; sie bekämpften namentlich, aus auf Egoismus beruhend und auf Untergrabung wahrer Sittlichkeit ausgehend, die Ansicht, daß man das Gute tun und tugendhaft leben solle, um später als Belohnung die Glückseligkeit zu erlangen. Die Tugend, lehrten sie, müsse ihrer selbst wegen geübt werden, da dies allein das wahre Glück gebe. Nach ihrer Auffassung war die menschliche Seele ein Teil der Allseele, welche das Universum durchdringe, in welche die menschliche Seele nach dem Tode des Körpers zurückkehre.

Die Dahriten gingen noch weiter, sie waren reine Materialisten. Sie lehrten die Anfanglosigkeit und die Ewigkeit der Welt, behauptend, daß sie keine Anfangsursache und keinen Schöpfer habe. Nichts könne in der Welt zu Grunde gehen; die äußere Form der Körper und ihre Stoffe änderten sich und seien ewig Umgestaltungen und Mischungen unterworfen, aber die Materie selbst bleibe. Als Ursache aller Neugestaltungen betrachteten sie die Kreisschwingungen der Sphären; diese Kreisschwingung sei anfangslos und habe ihren Ursiz in dem anfanglosen Weltäter. Da haben wir den modernen Materialismus in seinem wesentlichsten Inhalt. Man kann sich wohl vorstellen, welchen Schrecken solche Lehren in den gläubigen Kreisen erweckten. Auch die weltliche Macht begriff allmälig, welche Gefahr für sie vorhanden sei, wenn diese Lehren, welche die Autorität und allen Glauben untergruben, im Volke Boden fänden. Die ortodoxe Richtung bekam Oberwasser und die strengsten Verbote erfolgten gegen die Veröffentlichung solcher Lehren. Eine Zeit lang wüteten auch im Orient die Kezerverfolgungen; man verbot den Verkauf von Büchern philosophischen und polemischen Inhalts, der fanatische Kalif Kâdir erließ sogar förmliche Proskriptions-Edikte gegen die Freidenker.

Doch mehr als diese Verfolgungen sorgte der unfreie soziale und geistige Zustand der Masse der Bevölkerung dafür, daß diese Ansichten und Lehren zu keiner ernsten Gefahr für den Bestand der Dinge wurden.

Für die geistige Entwickelung hatten diese Verfolgungen und die Neigung zum Wohlleben die Wirkung, daß die Studien mehr und mehr verflachten. Es bildete sich ein zahlreiches literarisches Proletariat – eine Art fahrender Geisteskünstler – die mit Citaten, Versen und Philologiewizen gut ausgestattet, von Ort zu Ort zogen und ihre Künste zum Besten gaben, wo ein schöngeistiger Kreis darnach Verlangen trug. Da dies eine andere Art des Sinnenkizels war und die Schmeichelkünste diesen literarischen Zigeunern nicht mangelten, welche sie bei den dafür sehr empfänglichen Großen und Reichen anwandten, so fehlte es ihnen nicht an Unterstüzung und Verdienst, bis Uebermaß und Ueberzahl von selbst die Abstumpfung und das endliche Aufhören dieser geistigen Akrobatenkünste herbeiführten.

Begünstigt wurde die Vermehrung dieser gänzlich mittellosen Literatoren aller Art hauptsächlich durch die zahlreichen Freistellen,

Stipendien und sonstigen Unterstüzungen der höheren Schulen. In dieser Richtung bestand ein wahrer Wetteifer unter den Besizenden, der, wie der Erfolg zeigte, neben seinen guten auch seine schlimmen Seiten hatte.

Schon frühzeitig ward neben der rein wissenschaftlichen Literatur, auch das Fachschriftenwesen für Gewerbe und Kunstfertigkeiten entwickelt. Die Literatur über den Ackerbau ist bereits erwähnt worden. So entstanden auch Fachschriften über die Waffenproduktion und das Kriegswesen, über die Feuerwerkskunst, die verschiedenen Spezereien, die Porzellan- und Stahlfabrikation, Taschenspielerkunst und Gauklerei u. s. w. Dies in Kürze die Skizze von der wissenschaftlichen und literarischen Entwicklung der Araber. Wir kommen zur Dichtkunst.

Die arabische Dichtkunst ist von hohem poetischen und historischen Werte; sie spiegelt getreu in einfacher, aber äußerst ausdrucksvoller Sprache Stimmungen, Gesinnungen und Anschauungen des Volks in allen Lebenslagen und auf seinen verschiedenen Kulturstufen wider und gibt ein klares Bild seiner Entwickelung.

Die Empfänglichkeit des Arabers für sinnliche Eindrücke ist eine sehr große und eine Folge der hellen, heiteren Natur, in der er lebt. Am Tage genießt er die fast stetig strahlende Sonne mit ihrem Lichtermeer, die Reinheit der Luft, die dem Blick in die weiteste Ferne zu schweifen gestattet, die Abwechslung der Szenerie des Landes; in der Nacht wird seine Phantasie durch den glänzenden Sternenhimmel erregt und genährt. Im Ganzen begünstigt die Natur des Landes Gesundheit und körperliches Wohlbefinden, Freude am Lebensgenuß, Mut und Selbstvertrauen und eine poetische Sinnlichkeit. Daher liebt der Araber die Dichtung und die Erzählung von den frühesten Zeiten an, ja als das Kalifenreich schon in hoher Blüte stand und sich sein Wesen und sein Geschmack durch seine veränderte Lage wesentlich mit verändert hatte, blieb der Hang, den Dichtern und Märchenerzählern zu lauschen, ungeschwächt.

Die Dichtung der Araber durchlief wie ihre Kulturentwickelung drei Stufen. Die erste entspricht dem Zeitalter, wo noch die alten patriarchalischen Einrichtungen vorhanden waren oder überwogen; sie ist eine reine aber tiefempfundene Naturpoesie. Sie ergeht sich in Schilderungen des Wüsten-, Hirten- und Ackerbaulebens; sie schildert die Abenteuer der Jagd und den Raubzug und beschreibt mit Vorliebe die sinnlichen Reize schöner Frauen, die der Araber mit voller südlicher Glut zu schäzen wußte.

Die zweite Stufe der Dichtung wurde erreicht, als das große Reich sich konsolidirte und städtisches Leben den entscheidenden Einfluß errang. Sie schildert das Leben und die Gesellschaft in dem neuen Reich. Diese Periode umfaßt neben Kriegs- und Schlachtgesängen, das Lob kriegerischer Großtaten und die Lage in der Gefangen- schaft, aber auch am Feind geübte ritterliche Großmut; sie umfaßt ferner die Schilderung prächtiger Wohnräume und Gärten, Zechge- lage und Liebesabenteuer, städtisches Treiben und Gedränge; dann enthält sie Spott- und Schmähgedichte, die sich gegen hohe Beamte wie Private richten und Schwächen von Personen und Ständen bloßstellen und geißeln; ferner die Gedichte sinnlicher und frivoler Gattung, die dem Geschlechtsleben und dem Treiben der höheren Stände zur Reizung dienten.

Die dritte Dichtungsstufe endlich ward erreicht in der Blütezeit des Reichs und bei dem Beginn seines Verfalls; sie bezieht sich auf die höheren geistigen Bestrebungen, die im Liede besungen, kritisirt und angegriffen oder verherrlicht wurden. Sie betreffen hauptsäch- lich die Religion und Unsterblichkeit. Im Gedichte wird philoso- phirt über Welt- und Menschenwerden und -Vergehen, über das Wesen Gottes und den Zweck der Welt. Pantheismus, Atheismus und Materialismus, schließlich der Pessimismus finden im Gedichte ihre Vertreter und zwar Vertreter ersten Rangs.

So machte die arabische Dichtung alle Entwickelungsphasen durch, welche die ersten Kulturvölker Europas bis heute ebenfalls durchlaufen haben oder noch zu durchlaufen im Begriff stehen.

Einige Proben dieser verschiedenen Gedichtsgattungen, die dem vortrefflichen, auf Quellenstudium und genauer Kenntnis von Land und Leuten beruhenden Werk des Herrn v. Kremer Kulturgeschich- te des Orients unter den Kalifen. Wien, 1875. Wilhelm Braumüller. entnommen sind, mögen hier ihre Stelle finden. Ein Gedicht, das einen Nachtzug durch die Wüste schildert, lautet:

Ein Durchstreifer unablässig bin ich der felsigen
Schluchten,

Der von Straßen, dem Gezische der Ginnen und den
Ghulen besuchten.
Es war eine Nacht von tiefster Schwärze gleich einem
Rappen,
Bedeckt mit der pechschwarzen Schabrake weiten Lap-
pen;
Ich durchwachte sie, doch meine Gefährten die nickten,
besiegt
Vom Schlafe, wie die Chirwablume die Krone wiegt.
Und, wenn auch die Finsternis wie die Meerflut entge-
gen mir dräut,
Und eine Wüste, unendlich, mit Gefahren, die Jeder
scheut,
Wo das Käuzchen schreit und der Führer sogar sich
verirrt
Und dem Wand'rer die Angst den Blick verwirrt.

Dieses Gedicht gibt besser als Seiten lange prosaische Abhandlungen einen Begriff von der schauerlichen Großartigkeit der Nacht
in der Wüste. Imra' alkais, einer der bedeutendsten der älteren
Dichter, schildert einen Regenguß, wie er wolkenbruchartig plözlich
hereinbricht in einem Lande, das selten Regen bekommt und nie
genug davon hat. Dieses lautet:

Eine Wolke mit gedehnten Schooß,
Erdumfangend, stand sie still und groß,
Ließ den Zeltpflock sichtbar, wenn sie nachließ
Und bedeckt ihn, wenn sie reichlich floß.
Eidechsen sahst du, kund'ge, leichte,
Mit den Tazen rudern, bodenlos.
Büsche ragten aus der Flut wie Köpfe,
Abgehau'ne, die ein Schleier umfloß.

Zog der Wüstenaraber auf Raub, so hatte er die Gewohnheit, erst
während der Nacht aufzubrechen und sich auf Um- und Schleich-
wegen in aller Stille dem Orte zu nähern, dem sein Besuch galt. Er
brach dann in frühester Morgenstunde, wenn alles sich sorglos der
Ruhe überließ, plözlich wie der Sturmwind aus seinem Hinterhalte
hervor, raubte Pferde, Kameele, Heerden, Frauen und jagte mit der

Beute so rasch, als er gekommen, davon. Diese Art Raub gehörte zu den Gepflogenheiten, deren jeder Stamm, der mit einem anderen in Feindschaft lebte, sich zu versehen hatte. Es war an ihm, den Räuber gebührend heimzuschicken oder Gleiches mit Gleichem zu vergelten. Daher sang der Araber von sich selbst:

Ich komme am Morgen dann hervor nach einem kargen
Mahle,
Als wie ein halber, hagerer Wolf, der streift von Tal zu
Tale,
Der nüchtern ist am Morgen und dem Wind entgegen-
schnaubt,
Sich in der Berge Schluchten stürzt und suchet, was er
raubt.

Ein anderer schildert seine Landwirtschaft und man sieht aus jeder Zeile die behagliche und doch so bescheidene Zufriedenheit. Einfach und nüchtern in der Lebensweise, bedurfte es keines großen Reichtums, um ihn glücklich und zufrieden zu machen, ihm waren noch das städtische Leben und seine Genüsse fremd. Hören wir, wie er sein Glück preist: »Wohlan, sind's nicht Kameele, die du hast, so sei mit Ziegen zufrieden, Ziegen, deren alte Böcke Hörner wie Stäbe haben; sie beziehen von Sitar bis nach Ghisl hin die Frühjahrsweide unter dem reichlichen Gusse des Landregens; kommt der Hirt sie zu melken, so meckern sie, als wäre in der Heerde einer, dem ihr Klaglied gilt; sie gehen mit ihren vollen Eutern so wacklig, daß man meint, sie hätten zur Trauerbezeigung an den Weichen sich volle Brunneneimer angehängt. Mir füllen sie das Haus mit Sahne und Butter und mit diesem Reichtum sei zufrieden, denn er genügt für Hunger und Durst.«

Die heitere, leichte Lebens- und Liebeslust des Arabers schildert das folgende Gedicht: »Genieße das Leben, denn du bist bestimmt zu vergehen; schwelge, sei es in heiteren Gelagen, sei es bei schönen Weibern, die weiß sind wie junge Antilopen oder bräunlich wie eherne Gözenbilder; gleichviel, ob sie nun von den Züchtigen seien oder den ausgelassenen Dirnen.« In den lezten Worten zeigt sich schon die Kenntnis von Zuständen, wie sie bereits zu Mohammeds

Zeit in den Städten bestanden, die käufliche Liebe gewisser Schönen.

Gesänge, in denen Schlachten und Siege besungen wurden und der einzelne seine Taten wie die des ganzen Stammes verherrlichte, gab es unzählige und die zahlreichen Schlachten und Kämpfe, durch welche die Herrschaft des Islam immer weiter ausgedehnt wurde, gaben dazu reichliche Veranlassung. Aber die Heere wurden später auch mit Elementen gefüllt, die weniger Freude am Kriege hatten und das ruhige philistriöse Stillleben vorgezogen hätten und nur gezwungen den Marsch nach fremden, fernen Ländern machten, von denen man sich, wie z. B. von Indien, allerlei fabelhafte und ungeheuerliche Dinge erzählte. Solcher Stimmung gaben die Dichter in sehr ergözlicher Weise ebenfalls Ausdruck.

Die religiöse Dichtung ist in der patriarchalischen Periode nirgends zu finden, der alte Araber glaubte wenig; sie fand erst später Boden. Der alte Stolz und Troz der Araber wich in dem Maße, wie sie in der höheren Zivilisation der Städte verweichlichten. Auch in den Liebesliedern zeigt sich später mehr ein sentimentaler Zug, der gegen die früher kecke Sprache sehr abstitcht. So singt Waddah, der durch seine Liebeslieder berühmt wurde, als betrachte er seine eigenen Liebeslieder bei dem Gedanken an die Zukunft als Frevel:

> O Waddah, warum nur Liebesgesänge läßt du erschallen,
> Fürchtest du nicht den Tod, der bestimmt den Menschen allen?
> Verehr' im Gebet den Höchsten und strebe den Schritt dir zu stärken,
> Der retten dich soll am Tage, wo Gott urteilt nach den Werken.

Solchen Strömungen standen andere allerdings schnurstracks entgegen. Die höheren Kreise, die an maßloser Genußsucht, an ausgelassenen Zechgelagen, Liebesabenteuern und Orgien aller Art sich ergözten, welche die religiösen Gebräuche und den Glauben der Menge verlachten, von Vergnügen zu Vergnügen eilten und nicht beachteten, daß die von ihnen verschwelgten Summen Tausenden von Armen ausgepreßt waren, diese verlangten nach anderer poetischer Kost. Sie fanden in Abu Nowas, einem Vorläufer Heines, mit dem v. Kremer ihn vergleicht, ihren Dichter, der mit geistreichen Liedern und Versen, in denen er bis zur äußersten Grenze des Frivolen ging, die vornehme Welt ergözte und in diesen Kreisen der gefeiertste Mann war.

Gleichzeitig mit Abu Nowas und mit ihm befreundet lebte Abulatahija in Kufa als Inhaber eines Töpferwaarenhandels – eine Art arabischer Hans Sachs – der als der dichterische Repräsentant der Stimmungen und Gesinnungen des Volkes, insbesondere des kleinen Mittelstandes, angesehen werden darf. Unter seinen vielen dichterischen Arbeiten befindet sich auch ein großes Lehrgedicht, in dessen Sinnsprüchen die moralischen Ansichten bei dem Volke jener Zeit Ausdruck erlangen. Da heißt es z. B.:

Mit dem täglichen Brod sei, Bruder, zufrieden:
Es genügt; denn es stirbt ein jeder hienieden.

Der Verstand gibt dem Menschen weisen Rat:
Der schönste Erwerb ist eine edle Tat.

Jugend, Müssiggang und Ueberfluß
Sind verderblich und wecken den Ueberdruß.

Am besten von Sünde schützt der Verzichten,
Der Verstand muß sich nach dem Zweifel richten.

Rochst du je wie der Geiz riecht?
Einen häßlicheren Geruch kenne ich nicht.

In anderen Dichtern verkörperte sich die Opposition gegen das verschwenderische und leichtfertige Leben der höheren Stände. Ihre Gedichte und Sinnsprüche zeigen uns, wie auch im Kalifenreich der soziale Gegensaz anfing, den Massen zum Bewußtsein zu kommen, wenn sie auch eben so wenig wie ihre Leidgenossen im späteren christlichen Mittelalter eine klare Auffassung und Kenntnis besaßen, wie dem Treiben der höheren Stände Einhalt getan und ihre Lage gebessert werden könne. Die Wissenschaft von den ökonomischen Gesezen, welche die Gesellschaft beherrschen, war dem Arabertum ebenso fremd, wie dem christlichen Mittelalter; die ökono-mische Wissenschaft ist ein Kind der Neuzeit, sie bedurfte ganz anderer sozialer Bedingungen, als jene, die das Araberreich bot, ehe sie ihre Geburt und Entwickelung feiern konnte.

Der im 10. Jahrhundert unserer zeit, im vierten der Hedschra, auf-tretende Abu Firas ist einer der bedeutendsten Dichter des arabi-schen Reichs. In fürstlichem Stande geboren, repräsentirte er den Idealismus jener Zeit; religiös, tapfer, moralisch, edel, fand er an den Schwelgereien und dem wüsten Leben der meisten Großen keinen Gefallen. Von ihm existiren Gedichte, die an Gefühlsinnig-keit und plastischem Ausdruck des Gedankens hinter der besten Dichtung keines Volks zurückstehen. Seinen Karakter zeigen gut folgende zwei kurze Gedichte:

Holde Freundin, laß die Klage,
Jedem sind ja gemessen die Lebenstage,
D'rum Geduld, o Geliebte, und mit Mut
Was den Freund dir raubt ertrage.
Der Vater, der starb, den beweine
Du immer in deines Schleiers Hülle,
Aber rufst du mich und ich bleibe stille,
Weil im Grab ich liege, dann sage:
Abu Firas, du Jüngling voll Ruhm und Tugend!
Nicht beschieden war dir der Genuß der Jugend!

Und das zweite, im Gegensaz zu dem ersten, in keckem Geiste:

Nimmer vergeß ich der Mädchen Rede:
Dieser Lanzenstich entstellt sein Gesicht!
Doch meine Holde sagt erzürnt:
Vergönnt ihr mir seine Liebe nicht?
Mir gefällt der Ritter erst recht,
Wenn er die Narbe trägt im Gesicht!

Der lezte wirkliche, aber auch bedeutendste Dichter des bereits im Verfall begriffenen Reiches war der 973 unserer Zeit geborene Maarry, eigentlich Abul' ala von Maarra. Maarry ist der König unter den arabischen Dichtern, wie Shakespeare unter den englischen,

Goethe unter den deutschen; er hat vom gläubigen Deisten zum Atheisten und Materialisten sich durchgerungen und ward schließlich Pessimist. Er repräsentirt also die vorgeschrittenste Richtung, die der philosophische Geist erreichte. Maarry hatte seine Studien in Bagdad gemacht, das um das Jahr 1000 seine glänzendste Periode bergab gehen sah, und war dort mit allen Geistesströmungen im Mohammedanismus bekannt geworden.

Ueber Tod und Schlaf sagt er:

> Der Tod ist ein langer Schlaf, der nicht endet,
> Der Schlaf ist ein kurzer Tod, der aber wieder sich
> wendet.

Ueber die Auferstehung äußert er:

> Wenn die Vernunft meine Seele begleitet
> nachdem sie entwich,
> Dann fürwahr hast du Recht
> zu verwundern dich;
> Doch wenn sie im weiten Luftmeer
> der Himmelshöhe,
> Wie in der Erde Körper vergeht,
> ja dann: o weh!

Sein Pessimismus findet den stärksten Ausdruck in folgendem Gedicht:

> Der Erzeuger trägt die Schuld dafür,
> daß ins Leben treten die Kinder,
> Und wären sie Gewalthaber in den Städten,
> die Schuld sie trifft sie nicht minder.
> Nur erhöhen kann's die die Entfremdung
> von deinen Leibessprossen,
> Und erhöhen ihren Groll gegen dich, wenn sie sind
> von den Edlen und Geistesgroßen:
> Denn sie sehen den Vater, der sie
> schuldlos hinausgejagt

In das Wirrsal des Lebens, welches
kein Weiser zu lösen gewagt.

Dieser seiner Lehre gemäß starb der Dichter unverheiratet und
ohne Kinder, auf seinem Grabstein verordnete er die Inschrift zu
sezen:

Das hat mein Vater an mir gesündigt,
Ich aber versündige mich an niemand.

So hatte die Geistesentwicklung im Araberreich ihre lezte mögli-
che Phase erreicht. Der Pessimismus ist eine Geistesrichtung, die
noch in allen geschichtlichen Epochen sich gezeigt, wo eine Kulturperiode ihrem Untergang entgegenging. Glaubt man nicht, in diesen lezten Aussprüchen Maarrys unsere modernen Pessimisten, die
Schopenhauer, Hartmann, Mainländer zu hören? Hier ist wiederum
bewisen, wie in gewissen ähnlichen Kulturzuständen, sich ähnliche
Ideen erzeugen, ohne daß die Lebenden einer späteren Periode und
in einem ganz anderen Lande, von jenen ihren gleichgestimmten
und gleichgesinnten Vorgängern die mindeste Kenntnis zu haben
brauchen. Uebersättigte, mit sich selbst fertig gewordene oder an
dem weitern Fortschreiten der Menschheit verzweifelnde Geister
suchen die Erlösung im – Nichts. Da haben wir das Nirwana des
Buddha.

VII. Die Entwickelung arabischer Kultur in Spanien.

Das heutige Spanien nimmt, obgleich es zu den schönsten und fruchtbarsten Ländern Europas gehört und frühzeitig kultivirt wurde, unter den modernen Kulturstaaten so ziemlich eine der lezten Stellen ein.

Dies war nicht immer so.

In der Zeit, wo Spanien Provinz des römischen Reichs war – es wurde von 206 vor Christo, wo ein Teil von ihm die Karthager besaßen, bis 19 vor Christo allmählig ganz durch die Römer erobert – gehörte es zu den reichsten und einträglichsten Provinzen des römischen Reichs. Zahlreiche Kolonien von Griechen und Römern brachten frühzeitig die Kultur jener Völker nach Spanien. Die römische Herrschaft war zu Anfang des 5. Jahrhunderts u. Z. durch Vandalen und Sueven verdrängt und das Land arg verwüstet. Dann folgten im Strom der Völkerwanderung die Westgothen, welche die Vandalen nach Nordafrika vertrieben und allmählig das ganze Land eroberten.

Im sechsten Jahrhundert traten die bis dahin christlich-arianischen Westgoten, von den Franken bedrängt, zum trinitatischen (atanasianischen) Glaubensbekenntnis über, wodurch sie die Franken als Feinde los wurden, nunmehr aber unter das geistliche Joch des Bischofs von Rom gerieten. Für die Bevölkerung war nichts gewonnen. Die Westgothen hatten nach ihrer Niederlassung zwei Drittel des Bodens in Besiz genommen, das lezte Drittel überließen sie den Eingeborenen, die sie in Sklaverei und Leibeigenschaft hielten und die so geknechtet wurden, wie es in jener Zeit allgemein üblich war.

Kaum hatte die Geistlichkeit sich eingenistet, so begann sie mit der fanatischen Verfolgung der dem arianischen Glaubensbekenntnis treugebliebenen Bekenner. Dann wandte sie sich in grimmiger Verfolgung gegen die zahlreichen, schon seit der Römerherrschaft im Lande wohnenden Juden, die man vielfach ihres Vermögens beraubte, ihnen die Kinder nahm, diese zwangsweise taufte und im Christentum erziehen ließ. Mit dem Wachsen der Macht des Adels und der Geistlichkeit stieg die Armut des Volkes. Die Könige, durch ewige Familienzwistigkeiten in ihrer Macht geschwächt und von dem übermächtigen Adel in ihrer Herrschaft bedroht, warfen sich der Geistlichkeit in die Arme. Diese nuzte die Lage aus; sie half mit ihrem Einfluß den Königen gegen den Adel, bekam dafür aber erstere auch ganz in ihre Gewalt. Buchstäblich lagen die Könige der Geistlichkeit als ihrer höheren Macht zu Füßen, so einer derselben im Jahre 633 vor den versammelten Bischöfen zu Toledo. Jahrhunderte vergingen, ehe die Päbste zu Rom einen ähnlichen Triumph errangen.

Zu Anfang des 8. Jahrhunderts ward der ungefügige König Witiza mit Hilfe der Geistlichkeit gestürzt und Roderich (Rodrigo) bestieg den Tron. Zum Dank dafür gab er der Geistlichkeit die Juden preis, von denen in wenigen Jahren 90 000 mit Gewalt zu Christen getauft wurden. Die Rache und Vergeltung blieb nicht aus.

Roderich, ein Wüstling, tat der Tochter des Gouverneurs von Ceuta, die in Toledo erzogen wurde, Gewalt an. Der Vater erfuhr diesen Schimpf und schwur sich zu rächen. Er sezte sich mit Tarik, dem Unterfeldherrn des Emirs Musa, der Namens des Kalifen die Provinz Nordafrika verwaltete, in Verbindung und lud diesen zum Einfall in Spanien ein. Tarik sezte, im Einverständnis mit Musa, im Jahre 711 an jener Stelle nach Spanien über, die nach ihm Dschebel al Tarik (verballhornt Gibraltar) benannt wurde. Bei Xeres de la Frontera kam es zwischen ihm und Roderich zu einer mehrtägigen Schlacht, in welcher die Araber, troz christlicher Ueberzahl, aber mit Hilfe von Verrat, Sieger blieben und Roderich selbst das Leben verlor. Tarik rückte im Fluge erobernd vor. Voll Eifersucht und Neid folgte ihm Musa, sezte sich an die Spize des Heeres und eroberte bis auf den gebirgigen nordwestlichen Teil: Cantabrien, Asturien und Galizien, ganz Spanien. So kam das christliche Spanien unter arabische Herrschaft. Musa, der Tarik eingekerkert und mißhandelt hatte, wurde dem Kalifen denunzirt, als strebe er nach Unabhängigkeit. Dieser ließ ihn im südlichen Frankreich, bis wohin er bereits gedrungen war, im Angesicht seines Heeres verhaften, auspeitschen, ins Gefängnis werfen und um 200 000 Dynar strafen. Arm ging der Eroberer Spaniens zu Grunde.

Die Araber oder Mauren (eine Ableitung von Mohren, deren sie viele in ihrem Heere hatten) begannen ihre Herrschaft damit, daß sie Christen und Juden die freieste Ausübung ihrer Religion gestatteten, so daß die Christen z. B. ihre Kirchenglocken behalten und ihre Prozessionen veranstalten durften. Der Grund und Boden verblieb unter den schon oben hervorgehobenen Bestimmungen im Besiz seiner früheren Eigentümer, somit er nicht herrenlos geworden war. Dagegen wurde arabische Sprache und arabische Staatsgesezgebung in Spanien eingeführt. Das Land atmete auf. In wenigen Jahrzehnten war es wie umgewandelt. Arabischer Ackerbau und arabische Gartenkultur hatten in Verbindung mit großartigen Bewässerungsanlagen, deren Reste teilweise noch heute vorhanden und im Gebrauch sind, ganze Provinzen in blühende Gärten verwandelt. Die Täler des Guadiana und des Guadalquivir prangten in einem Reichtum und einer Kultur, wie sie in Spanien seitdem nie wieder gesehen und im Vergleich zu dem heutigen Zustand des Landes märchenhaft klingt. Die Bevölkerung nahm gewaltig zu und es heißt, daß allein im Flußgebiet des Guadalquivir nicht weniger als 12 000 Städte und Ortschaften sich befanden, darunter große glänzende Städte wie Granada, Sevilla und Cordova, leztere damals die Hauptstadt des Landes. Gewerbe, Manufakturen, Handel und Verkehr, begünstigt durch vortreffliche Straßen und Häfen entwickelten sich großartig und soll Spanien, nach dem Zeugnis verschiedener arabischer Schriftsteller, in Künsten und Gewerben, sich sehr rühmlich selbst vor dem übrigen Reich ausgezeichnet haben. Die Städte wuchsen aus dem Boden und vorhandene vergrößerten sich in einer Weise, daß ihr heutiger Zustand nur ein Schatten ihrer ehemaligen Größe ist.

Cordova wetteiferte an Glanz und Größe mit Bagdad. Es besaß nicht weniger als achtundvierzig Vorstädte, über hunderttausend Häuser und mehr als eine Million Einwohner, von denen sich allein 130 000 von Seidenweberei nährten. Die Straßen waren gut gepflastert und Abends mit zahllosen Laternen erleuchtet und konnte man Stunden weit an den Ufern des Guadalquivir im Lampenschein spazieren gehen. Siebenhundert Jahre später gab es in London noch nicht eine Straßenlaterne und um dieselbe Zeit mußte man in Paris bei ungünstiger Witterung im tiefsten Kote waten, Berlin aber war zu jener Zeit ein kleines unansehnliches, schmuziges Landstädtchen.

Unter den zahlreichen Moscheen, meist prächtigen Bauwerken, befand ich eine, die nicht weniger als 19 Schiffe zählte; sie wird noch heute bewundert und dient als christliche Katedrale. Glänzende Paläste und Privathäuser mit orientalischen Glanz und Luxus erbaut und ausgestattet, gab es in allen größeren Städten in Menge. Auch von ihnen sind bis heute Reste erhalten; das großartigste Bauwerk von allen ist die Alhambra in Granada, ein noch heute angestaunter Bau.

Eine Sitte namentlich zeichnete die Araber vor ihren christlichen Zeitgenossen sehr vorteilhaft aus: der Sinn für Reinlichkeit. Wo Araber sich niederließen, war die Einrichtung öffentlicher Bäder eine ihrer ersten Handlungen, wohingegen damals im Christentum Schmuzigkeit und ekelhafte Ausschläge als Zeichen besonderer Gotteswohlgefälligkeit angesehen wurden, die christlichen Heiligen und Märtyrer durch Schmuz und Ungeziefer sich hervorzutun suchten, oft wie das Vieh lebten, auf allen Vieren krochen und sich von Gras nährten. Waschungen und Kleiderwechsel galten als weltliches Bestreben und darum als unheilig. War doch im ganzen Mittelalter den Nonnen streng verboten, sich anders als Gesicht und Hände zu waschen und nur mit einer Hand. War es doch ferner der besondere Ruf der heil. Silvania, bis zu ihrem 60. Lebensjahre weder Gesicht noch Hände, noch irgend einen anderen Teil des Körpers je gewaschen zu haben, ausgenommen die Fingerspizen, wenn sie zur Kommunion ging. Die »englische Regel« von Tabenna verbot das Waschen als heidnisch. Umgekehrt schrieb der Koran als Pflicht jedem Muselmann tägliche Waschungen und Reinlichkeit vor. Das ist ein sehr wichtiges Kulturmoment, das zu Gunsten der Araber spricht und demgemäß besaß Cordova 900 öffentliche Bäder, eine Zahl, die kaum je eine andere Großstadt erreichte.

Von den größeren Städten erlangten Granada und Sevilla je 400 000, Toledo 200 000 Einwohner, und gab es der Städte so viele, daß man, wie ein Reisender erzählt, in einem Tage bis zu drei erreichen konnte. Auch lebte man überall mit einer Bequemlichkeit und einem Luxus, der zu den gleichen Zuständen des übrigen Europas im stärksten Kontraste stand. In lezterem wohnten um jene Zeit selbst die Fürsten in elenden Holz- und Lehmbauten, ohne Fenster und Schornsteine, die eine in der Mitte des Daches gelassene Oeffnung ersezte.

Und während im übrigen Europa kaum eine Bibliotek bestand, die diesen Namen verdiente und es nur zwei Universitäten gab, die als solche angesehen werden durften, besaß Spanien nicht weniger als siebenzig große öffentliche Biblioteken, worunter die von Cordova über 600 000 Nummern aufwies, und bestanden nicht weniger als siebenzehn Hochschulen, auf denen Christen und Juden mit Arabern friedlich studirten und um die Wette lehrten und lernten. Sogar Volksschulen wurden in größerer Zahl gegründet und soll selten ein Araber zu treffen gewesen sein, der nicht hätte schreiben und lesen können.

Dieser geistige Aufschwung war insbesondere der hohen christlichen Geistlichkeit ein Dorn im Auge. Schon im neunten Jahrhundert beschwerten sie sich bitter, daß die jungen Christen die heiligen Schriften und die Kirchenväter verschmähten und die lateinische Sprache vernachlässigten, hingegen mit Begeisterung dem Studium des Arabischen sich zuwendeten und die arabische Literatur verschlangen. Die Reichen, klagten sie, legten sich mit großen Kosten Biblioteken an, in denen man nur arabische Bücher fände, wohingegen sie die christlichen als wert- und inhaltslos bei Seite legten; sie schrieben und sprächen nur arabisch und drückten sich mit Eleganz auch in der Dichtung aus, die jene der Araber noch überträfe.

Aus allen Ländern des Abendlandes strömten die jungen Leute nach Spanien, um dort Wissen und Bildung und ritterliche Galanterie sich anzueignen, denn auch in lezterem Punkte genoß der Hof von Cordova eines großen Rufs. Der Minnedienst, die Verherrlichung schöner Frauen durch Dichtkunst, Musik und Gesang erreichte dort seinen Gipfelpunkt und wurde erst von hier aus nach Frankreich, Deutschland u. s. w. übertragen. Die Frauen beteiligten sich an Studien und Künsten, sie genossen eine sehr freie Stellung und sie kamen wegen ihres allzufreien Benehmens teilweise sogar in Verruf.

Unter den Studien waren es besonders die medizinischen, durch die sich die Spanier besonders auszeichneten. Den zahlreichen

Christen und Juden, die sich diesem Studium widmeten, standen nicht die religiösen Hindernisse im Weg, welche den Arabern die Anatomie verbot. Die spanischen Aerzte erlangten auch als geschickte Operateure einen großen Ruf und gab es zu jener Zeit auch weibliche Aerzte und Operateure. Als in 17. Jahrhundert ganz Spanien wieder dem Christentum unterworfen war, gehörten die spanischen Aerzte zu den *unwissendsten, die man in Europa* finden konnte.

Auch Astronomie und Chemie, Botanik und Mineralogie, die grammatikalischen, matematischen, geschichtlichen, philosophischen und juristischen Studien wurden an den spanischen Hochschulen gepflegt, wie irgendwo im Araberreich und nahm insbesondere das Bergwerks- und Schiffsbauwesen einen Aufschwung, wie er seither in Spanien nicht wieder erreicht ist.

Am wohlsten befanden sich in Spanien die Juden im Gegensaz zu den Zeiten ihrer Verfolgung und Unterdrückung durch die Christen; sie erwiesen sich den Arabern sehr dankbar und wurden die eifrigsten Verfechter der neuen Ordnung der Dinge. Ihre Zahl und ihr Reichtum nahm gewaltig zu, willkommene Beute der später wiederkehrenden Verfolgungen, als das christliche Kreuz wieder gesiegt hatte.

Dagegen konnte die christliche Geistlichkeit die alten guten Zeiten nicht vergessen und sie hezte und schürte den Fanatismus der unteren Klassen, wo sie nur konnte. Daß man mit Kezern denselben Boden teilen, neben der christlichen Kirche die Moschee und die Synagoge dulden sollte, das schien unerträglich. Dazu kam die entgegengesezte Auffassung des Lebens. Der Araber war heiter und lebenslustig, seiner Sinnlichkeit legte seine Religion nur geringe Zügel an, er liebte die Bildung und das Wissen, war in religiösen Dingen tolerant und steckte mit alledem die Christenjugend an.

Ganz entgegengesezt trat das Christentum auf, das die Verachtung der Welt, die Kreuzigung des Fleisches und die Unterdrückung der sinnlichen Begierden predigte. Daneben war es Feind der Bildungs- und Aufklärungsbetrebungen und intolerant. Nimmt man noch dazu, daß die Araber einer fremden Race angehörten und Eindringlinge und Eroberer waren, so ist ein schärferer Gegensaz nicht denkbar. Reibungen und Streitigkeiten hörten nicht auf, und sie wurden christlicherseits beständig provozirt.

Zunächst machte die christliche Geistlichkeit, an ihrer Spize der heilige Eulogius als einer der schlimmsten, alle möglichen Anstrengungen, unter den Mohammedanern Proseliten zu wecken, wobei sie den mohammedanischen Glauben angriff und herabsezte, und dadurch zu Feindseligkeiten aufstachelte. Ihr Haß und ihre Bekehrungswut wurden um so größer, da sie sah, daß Tausende von Christen infolge mohammedanischer Toleranz gegen ihren eigenen Glauben kälter wurden. Man hezte ferner die unwissenden Massen gegen die Mohammedaner auf und verhöhnte und verspottete ihre religiösen Gebräuche. Ja man ging noch weiter. Man drang in die Moscheen und Gerichtssäle ein und störte durch Beschimpfungen und Lästerungen die Handlungen. Auf einem solchen Verbrechen stand Todesstrafe. Aber die fanatisirten Christen ließen willig und standhaft die Strafen über sich ergehen, wurden sie doch Märtyrer ihres Glaubens. Als dieses wüste Treiben immer schlimmer wurde, drangen die Einsichtigen auf die Berufung einer bischöflichen Synode, um diesen Provokateuren Einhalt zu tun. Die Fanatiker schrien jezt über Verrat und Bestechung. Die Masse des niederen Volkes, vollständig in den Händen der Geistlichkeit, die sie als seinen wahren Interessenvertreter ansah, schenkte solchen Anklagen bereitwillig Glauben und fuhr in seinen Angriffen fort. Es kam zu blutigen Zusammenstößen, die an Erbitterung in dem Maße zunahmen, als es den aus dem Nordwesten des Landes vordringenden spanischen Herren und ihren Fürsten gelang, Schritt vor Schritt das Land wiederzuerobern und die Araber zurückzudrängen.

Allmälich hatten sich nämlich auch unter der Kalifen Herrschaft in Spanien die Dinge geändert. Das Streben mohammedanischer Großer, sich vom Kalifat zu Bagdad unabhängig zu machen, hatte auch Statthalter in Spanien ergriffen, und einer derselben erklärte sich um 756 für unabhängig und warf sich selbst zum Kalifen auf. Nun entstanden aber in Spanien, ganz wie im Orient Streitigkeiten unter den Großen um die Besezung des Kalifats. Dies führte zu inneren Bürgerkriegen, die damit endeten, daß sich nach und nach in Saragossa, Toledo, Valenzia und Sevilla unabhängige maurische Fürstentümer bildeten und das Kalifat auf Cordova und das obere Flußgebiet des Guadalquivir beschränkt ward. So wurde es den christlichen Spaniern möglich, die Araber zu besiegen; doch kam das 16. Jahrhundert heran, ehe sie das Land völlig in ihre Gewalt bekamen. Das prächtige Granada war das lezte maurische Bollwerk, das 1492 fiel. Toledo hatten sie zu Anfang des 12. Jahrhunderts, Badajoz und Merida 1231, Valenzia 1238, Murcia 1241, Jaen 1246, Carmona und Sevilla 1248, Malaga 1487 zurückerobert. Ein Einfall, den schon Karl der Große im Jahre 777 in Spanien gemacht hatte, brachte diesen so in die Klemme, daß er froh war, durch einen Aufstand der Sachsen abberufen zu werden.

Kaum waren die spanischen Christen wieder Herren eines zuvor arabischen Gebiets geworden, so begannen gegen Moriskos und Juden die blutigsten Verfolgungen. – Die Kapitulationsbedingungen wurden ihnen nicht gehalten, die Moscheen wurden zerstört, tausende wurden niedergemezelt oder durch Gewaltmittel jeder Art zum christlichen Glauben gezwungen. Millionen Einwohner wanderten nach Afrika aus, die volkreichsten Städte zerfielen; vorher dichtbevölkerte Gegenden wurden von Menschen leer; der Ackerbau und die Gartenkunst, Handel und Verkehr gingen rapid zurück, die Bevölkerung verfiel in Armut und Elend. Mit ganz besonderem Eifer richtete sich die Zerstörungswut gegen die Lehr- und Bildungsstätten. Die Hochschulen wurden aufgehoben, die Bibliotheken mit ihren unschäzbaren Werken zerstört, indem man die Bücher den Flammen übergab und die wissenschaftlichen Instrumente zerschlug und vernichtete. Der Kardinal Ximenes rühmte sich, die Vernichtung einer Million Bände angeordnet zu haben. Dagegen erstand jezt eine christlichen Literatur, in welcher der wütendste Zelotismus gepredigt und hunderterlei Mittel angegeben wurden, wie man am raschesten den entweihten Boden Spaniens von den Ungläubigen reinigen, Juden und Mohammedaner in Christen verwandeln könnte. Mohammedaner und Juden, die sich nicht wollten taufen lassen, wurden ihres Vermögens beraubt und außer Landes verwiesen, tausende hingerichtet oder verbrannt. Wie groß die Zahl der Vertriebenen war, ist schwer festzustellen, da die Angaben zwischen 160 000 und 800 000 schwanken.

Diese Verfolgungen dauerten nicht blos Jahrzehnte, sie währten Jahrhunderte und wurden immer von neuem durch fanatische Herrscher oder Priester begonnen und stets mit den großartigsten Mitteln ins Werk gesezt. Durch die wiederholten Verordnungen, daß der heilige Boden Spaniens durch den Fuß keines Ungläubigen mehr entweiht werden dürfe und jeder sich taufen lassen müsse, bei Strafe des Verlustes seines Vermögens und der Austreibung aus dem Lande, wurde es endlich fertig gebracht, daß um 1526 kein Kezer mehr, soweit es sich um äußerliche Annahme des Glaubens handelte, auf spanischen Boden lebte. Philipp II., jenes königliche Scheusal, verordnete ferner, daß die Mauren auch äußerlich alles aufgeben sollten, was im Entferntesten an ihren Glauben und ihre Vergangenheit erinnere. Unter Androhung der härtesten Strafen wurde ihnen anbefohlen, Spanisch zu lernen, alle arabischen Bücher zu vernichten, in ihrer Muttersprache weder zu lesen, noch zu schreiben oder im Innern des Hauses darin zu sprechen. Maurische Kleidung, Soele und Vergnügungen und die alten Höflichkeitsformen wurden verboten, die Frauen sollten unverschleiert gehen, und, *da Baden eine heidnische Sitte sei, angeordnet, daß alle öffentlichen Bäder zerstört werden sollten.*

Durch solche Gewaltmittel zum Aeußersten gebracht, erhoben sich die Moriskos noch einmal 1568 mit Waffengewalt, und abermals wüteten Hinrichtungen, Scheiterhaufen, Konfiskationen und Austreibungen.

»So lange noch ein Morisko (Maure) auf spanischen Boden lebe, sei der Triumph des Christentums nicht vollkommen«, erklärten die spanischen Geistlichen. Philipp II. war ihnen noch zu milde. »Man müsse jedem Morisko die Kehle abschneiden, da man nicht wissen könne, ob seine Bekehrung aufrichtig sei, und es besser wäre, alle zu töten und es Gott zu überlassen, die Seinen ausfindig zu machen und zu belohnen«, rief der Dominikaner Bleda aus.

Das fanatische Geschrei fand Gehör. 1609 erließ Philipp III. das Edikt, daß alle Bewohner Spaniens von maurischer Abstammung sofort das Land zu verlassen hätten. Abermals wurden eine Million der fleißigsten, gebildetsten und betriebsamsten Bewohner wie Tiere gehetzt, ihres Eigentums beraubt und des Landes vertrieben. Viele der Flüchtlinge wurden noch auf den Schiffen von der spanischen Besatzung mit den greulichsten Gewalttätigkeiten verfolgt: Männer getödtet, Frauen entehrt, Kinder ins Meer geworfen. Cervantes, der berühmt gewordene Verfasser des Don Quixote, heulte diesen Maßregeln seinen Beifall zu, so fanatisch waren die Ersten unter den Spaniern geworden.

Und was waren die Folgen dieser unsinnigen Gewaltakte? Sevilla, das noch im 16. Jahrhundert 16 000 Webstühle beschäftigte, besaß im siebenzehnten nur noch 3000 und war bis auf den vierten Teil seiner früheren Einwohnerzahl gesunken. Toledo, das früher fünfzig große Wollmanufakturen besaß, die 40 000 Menschen ernährten, hatte im 17. Jahrhundert nur noch dreizehn; das Geschäft war durch die Mauren nach Tunis übergegangen. Aehnlich erging es allen Städten des Landes ohne Ausnahme. Auf dem Lande und in den Städten verfielen die Wasserleitungen, weite Landstrecken blieben unbebaut, die öffentlichen Straßen gingen zugrunde und in einer großen Zahl von Städten und Dörfern lagen jezt bis zu zwei Drittel und mehr der Häuser in Trümmer. Dagegen nahm die Zahl der Bettler, der Mönche und Nonnen enorm zu und große Räuberbanden sammelten sich in den Gebirgen und Wäldern.

Mit dem Verfall von Handel und Verkehr sanken auch die Schiffahrt und der Schiffsbau, die so hoch standen, gänzlich darnieder. Wie es den Bildungsstätten und den Wissenschaften erging, ist schon hervorgehoben worden. Noch im 18. Jahrhundert besaß Madrid, die Hauptstadt des Landes, nicht eine öffentliche Bibliotek, nirgends gab es Schulen noch Lehrer, keine Bücher wissenschaftlichen Inhalts, im ganzen Lande keine Professur des öffentlichen Rechts, der Botanik, Physik oder Anatomie. Die früher so hoch gestandenen matematischen Wissenschaften verkümmerten und der Universität Salamanka wurden die Entdeckungen Newtons und Harveys zu lehren verboten.

Um 1760 wurde in Madrid der Vorschlag gemacht, die Straßen von ihrem bergehohen Unrat zu reinigen, aber auf Befragen erklärten die madrider Aerzte sich *gegen* diesen Vorschlag. »Der Unrat solle da bleiben, da sein Geruch höchst wahrscheinlich gesund sei und der scharfen und schneidenden Luft der Hochebene ihre schädlichen Eigenschaften nehme«.

Dies sind, in Kürze dargelegt, die Wandlungen, die ein Land, das unter arabisch-mohammedanischer Herrschaft stand und unter christliche gelangte, erlebte; sie sind sehr lehrreich und bezeugen aufs neue, was es mit dem zivilisatorischen Einfluß des Christentums für eine Bewandtnis hat.

Die Darlegungen im Schlußabschnitt werden dies noch weiter dartun.

Schluß.

Wenn der vorhergehende Abschnitt die Folgen der Araberherrschaft in Spanien behandelte, könnte jezt ein Abschnitt folgen, der die Wirkungen ihrer Herrschaft über Sizilien schildert. Allein dies würde vielfach nur eine Wiederholung sein. Sizilien wurde bekanntlich 272 vor unserer Zeit eine römische Provinz, nachdem es zuvor unter griechischer Herrschaft gestanden. Sizilien galt als die Kornkammer Roms. Aber während des Verfalls des römischen Reiches brachten Kriege und Aufstände das ehemals so reiche Land herunter. 476 kam es unter ostgotische, 550 unter byzantinische Herrschaft und diese wurde in der zweiten Hälfte des neunten Jahrhunderts von jener der Araber verdrängt. Deren Herrschaft, die bis gegen Ende des 11. Jahrhunderts währte, wo die Normannen Besiz von der Insel nahmen, hatte auf den materiellen und geistigen Aufschwung von Sizilien genau dieselbe Wirkung als auf Spanien. Ackerbau, Gewerbe, Handel und Verkehr, Bildungs- und Städtewesen erreichten eine Höhe wie kaum zuvor, nie nachher. Die Einwirkung dieses Zustands auf das Sizilien gegenüberliegende Italien, diese alte Kulturland, war von den segensreichsten Folgen. Die Blütezeit, die in Italien in der zweiten Hälfte des 12. Jahrhunderts begann und von Italien nach Deutschland, Frankreich, England übertragen wurde und als das Zeitalter der Renaissance (Wiedergeburt) bezeichnet wird, was das Resultat jener Einwirkung.

Zu jener Zeit war in Europa die Literatur der Alten nahezu unbekannt, und wenn sich ja in die dunklen Gewölbe irgend eines christlichen Klosters eine Schrift der Alten verirrt hatte, so ward sie entweder nicht gelesen, oder, wenn gelesen, verborgen gehalten. Dagegen wuchs die Zahl der kirchenväterlichen Abhandlungen und heiligen Legenden ins ungemessene, und zählte man deren nicht weniger als 25 000 verschiedene.

Gegen die alten heidnischen Schriften und Werke war das Christentum vom Anfang seines Bestehens an in der feindlichsten Weise vorgegangen. Entsprungen aus einer von jüdischem Fanatismus belebten, der strengsten Askese sich widmenden Sekte; an die jüdisch-patriotischen Traditionen und den Römern feindlichen Instinkte appellirend, hatte es in den unter der Römerherrschaft bedrückten Massen seine Hauptverbreitung erlangt. Die römische Zivilisation verachtend, weil es in den Trägern dieser Zivilisation seine Feinde sah, die in wüsten Ausschweifungen verpraßten, was die Millionen Unterdrückter aus aller Herren Länder mühselig erzeugt, trat es, sobald es größere Ausbreitung und Macht erlangt hatte, wie gegen die heidnischen Götter, so auch gegen den römischen Staat, seine Geseze und seine Machthaber feindlich und gewalttätig auf.

Die Verbreitung des Christentums nahm gewaltig zu unter den Millionen und aber Millionen, die unter der römischen Gewaltherrschaft seufzten, namentlich als es durch den Einfluß des durch neuplatonische philosophische Ideen angekränkelten Paulus seinen spezifisch jüdisch-nationalen Karakter abstreifte und als international auftrat. Die Ideen und Lehren des Christentums wurden lange nicht blos als religiöse, sondern als eminent soziale und politische von der Masse aufgefaßt; es erschien als die Fahne, um die sich alle Armen und Elenden schaarten, um sich aus der römischen Sklaverei zu befreien. Die Armen sind gar arg betrogen worden.

Mit ihrem Wachstum an Zahl wuchs den Christen natürlich auch der Mut. Die Führer reizten ihre Anhänger in den Heeren zur Verweigerung des Gehorsams auf, zettelten Aufstände und Verschwörungen an; sie beschimpften die alten Götter, stürmten die Tempel, zerstörten und schändeten sie, oder zerschlugen die Bildwerke und Statuen, ohne Rücksicht auf deren künstlerischen Wert.

Sie wurden als Hochverräter und Tempelschänder gewaltsam verfolgt. Aber ihre Begeisterung ließ sie alle Verfolgungen, auch die härtesten standhaft ertragen; sie wurden Märtyrer ihrer Ueberzeugungen und das schaffte ihnen immer neuen Anhang. Die Jämmerlichkeit der Zeiten, der Verfall des Reichs, verbunden mit ihrem Eifer, brachten auch viele der geringen und manchen angesehenen Römer, namentlich viele römische Frauen, auf ihre Seite; sie wurden eine große einflußreiche Macht.

Der oströmische Kaiser Konstantin begriff dies; um sie als Werkzeuge seiner Macht benuzen zu können, trat er zum Christentum über. Obgleich ein rücksichtsloser Despot und großer Verbrecher, brachte ihm diese kluge Tat den Namen der Große ein. Aber das Christentum selbst fing an sich zu spalten. Ob der Sohn mit Gottvater gleich oder nachgeboren sei, ob die Maria als Jungfrau geboren habe, der heilige Geist als dritter im Bunde Vater und Sohn gleich und alle drei wieder als eine zu erachten seien, das waren die Kardinalsfragen, über die sich die Parteien in die Haare gerieten und schließlich mit Fäusten und Schwertern bekämpften.

Ueber diesen inneren Kämpfen vergaß man aber nicht die Zerstörung des Heidentums. Nachdem man die Staatsgewalt auf der Seite hatte, konnte sie noch weit wirksamer betrieben werden. Was von heidnischen Tempeln und Bildsäulen übrig blieb, ward in christliche verwandelt und wie die Bildsäulen, heiter genug, mit Namen christlicher Heiliger und Märtyrer belegt. Man fing also an praktisch zu werden. Dagegen fanden die heidnischen Schriften keine Gnade und wetteiferten Kirchenväter und Bischöfe in Verfluchung derselben und in Anordnungen, sie zu zerstören und zu verbrennen und, so weit man dies nicht erreichen konnte, ihr Studium zu verbieten. So gingen große Schäze der späteren Kultur verloren. Daneben betrieb man die gewaltsame Bekehrung und die ebenso gewaltsame Vertilgung der Nichtbekehrten. Die einst Unterdrückten wurden Unterdrücker und Verfolger.

Da der Hinweis auf ältere Taten und frühere glorreiche historische Vorgänge bei jedem Bekehrungswerk immer eine wichtige Rolle spielt, so begannen die christlichen Schriftsteller – fast ohne Ausnahme Geistliche – die Urkunden und geschichtlichen Vorgänge früherer Zeiten systematisch zu fälschen, indem man sie mit den Taten der Apostel und ersten Christen, der Heiligen und Kirchenväter in Uebereinstimmung brachte, oder als deren Taten und Anordnungen geschehen ließ.

Das wurde z. B. vom heiligen Eusebius ganz offen eingestanden. Solche Praktiken wurden bei allen Völkern, die später dem Christentum erobert wurden, angewandt; so bei den Galliern, den Wallisern, des Angelsachsen, den Irländern, den Slaven und Finnen. Märtyrer- und Heiligen-Geschichten, die Erzählung und Beschreibung von Erscheinungen, Träumen und seltsamen Zeichen nahm dafür eine immer größere Ausdehnung an und trugen dazu bei, die unwissenden Völker zu erschrecken und in Angst zu halten, um sie um so besser in der Gewalt zu haben.

Wären uns nicht einige Bruchstücke alter römischer Schriftsteller über die früheren Zustände unserer Vorfahren und einiger nordischer Völker erhalten geblieben, wir lebten darüber in dickster Unwissenheit, da die zahllosen christlichen Missionäre und Mönche hierüber nicht das geringste aufgezeichnet und niedergeschrieben haben. Daher ist es gekommen, daß die frühere Geschichte der meisten europäischen Völker für uns in vollständiges Dunkel gehüllt ist und die geringen Ueberreste aller Literatur verdanken wir dem Zufall oder den Arabern. Befahl doch ums Jahr 600 Pabst Gregor der Große (!), alle noch vorhandenen Schriften des Cicero, Livius und Tacitus zu verbrennen. Der heilige Laktantius und der heilige Augustinus – lezterer wohl nach Paulus das größte Kirchenlicht – verspotteten die Lehre des Ptolemäus von der Kugelgestalt der Erde und lehrten, sie sei eine Scheibe, und Sonne, Mond und Sterne am Gewölbe des Himmels befestigt. Und nach mehr als tausend Jahren später galten die Lehren von Kopernikus, Galilei und Newton als Kezereien.

Nach all diesen dargelegten Tatsachen leuchtet ein, welch eine große Bedeutung die *arabisch-mohammedanische Kulturperiode* für die gesammte Menschheitsentwickelung hat. Ohne diese Kulturepoche wäre das ganze lange Mittelalter eine ungeheure Geistesöde, ein kaum zu überwindender Rückschlag in die Barbarei geworden.

Die Ursachen, die den Zerfall der mohammedanisch-arabischen Kultur herbeiführten, sind zur Genüge erörtert worden. Die schließlichen Spaltungen und inneren Kriege hatten große Länderverwüstungen, häufige Hungersnöte und pestartige Krankheiten im Gefolge. Ganze Ländergebiete wurden menschenleer; eine wirkliche Kultur ist aber ohne eine dichte Bevölkerung unmöglich. Eine solche Bevölkerung muß aber auch Initiative, Tatkraft und Einsicht besizen, um schädliche Einflüsse zu beseitigen, günstige ausnuzen zu können, dazu sind aber weder die klimatischen Einflüsse des Orients, noch die Jahrtausende langen Sitten und Gewohnheiten der Asiaten geschaffen. Das Volk, das jene Eigenschaften besaß, wurde von den ungünstigen Einwirkungen überwunden, so war der Verfall naturgemäß.

Das Reich und seine Kultur zerfiel, aber was es einst geschaffen, kam den europäischen Völkern, die nunmehr die Führung im Kampfe für den menschlichen Fortschritt übernahmen, zu Gute.

Das Schlußresultat dieser Darlegungen ist:

Die mohammedanisch-arabische Kulturperiode ist das Verbindungsglied zwischen der untergegangenen griechisch-römischen und der alten Kultur überhaupt, und der seit dem Renaissancezeitalter aufgeblühten europäischen Kultur. Die leztere hätte ohne dieses Bindglied schwerlich ihre heutige Höhe erreicht. Das Christentum stand dieser ganzen Kultur-Entwickelung feindlich gegenüber.

Und so kann man denn mit Fug und Recht sagen: die *moderne Kultur ist eine antichristliche Kultur.* Darin stimmen die *vorgeschrittensten* Geister unserer Zeit mit den *rückständigsten* überein.

Les extrême se touchent. Die Extreme berühren sich, weil sie – nichts zu vertuschen haben.

 tredition®

Über tredition

Eigenes Buch veröffentlichen

tredition wurde 2006 in Hamburg gegründet und hat seither mehrere tausend Buchtitel veröffentlicht. Autoren veröffentlichen in wenigen leichten Schritten gedruckte Bücher, e-Books und audio-Books. tredition hat das Ziel, die beste und fairste Veröffentlichungsmöglichkeit für Autoren zu bieten.

tredition wurde mit der Erkenntnis gegründet, dass nur etwa jedes 200. bei Verlagen eingereichte Manuskript veröffentlicht wird. Dabei hat jedes Buch seinen Markt, also seine Leser. tredition sorgt dafür, dass für jedes Buch die Leserschaft auch erreicht wird.

Im einzigartigen Literatur-Netzwerk von tredition bieten zahlreiche Literatur-Partner (das sind Lektoren, Übersetzer, Hörbuchsprecher und Illustratoren) ihre Dienstleistung an, um Manuskripte zu verbessern oder die Vielfalt zu erhöhen. Autoren vereinbaren direkt mit den Literatur-Partnern die Konditionen ihrer Zusammenarbeit und partizipieren gemeinsam am Erfolg des Buches.

Das gesamte Verlagsprogramm von tredition ist bei allen stationären Buchhandlungen und Online-Buchhändlern wie z. B. Amazon erhältlich. e-Books stehen bei den führenden Online-Portalen (z. B. iBookstore von Apple oder Kindle von Amazon) zum Verkauf.

Einfach leicht ein Buch veröffentlichen: **www.tredition.de**

Eigene Buchreihe oder eigenen Verlag gründen

Seit 2009 bietet tredition sein Verlagskonzept auch als sogenanntes "White-Label" an. Das bedeutet, dass andere Unternehmen, Institutionen und Personen risikofrei und unkompliziert selbst zum Herausgeber von Büchern und Buchreihen unter eigener Marke werden können. tredition übernimmt dabei das komplette Herstellungs- und Distributionsrisiko.

Zahlreiche Zeitschriften-, Zeitungs- und Buchverlage, Universitäten, Forschungseinrichtungen u.v.m. nutzen diese Dienstleistung von tredition, um unter eigener Marke ohne Risiko Bücher zu verlegen.

Alle Informationen im Internet: **www.tredition.de/fuer-verlage**

tredition wurde mit mehreren Innovationspreisen ausgezeichnet, u. a. mit dem Webfuture Award und dem Innovationspreis der Buch Digitale.

tredition ist Mitglied im Börsenverein des Deutschen Buchhandels.

Dieses Werk elektronisch lesen

Dieses Werk ist Teil der Gutenberg-DE Edition DVD. Diese enthält das komplette Archiv des Projekt Gutenberg-DE. Die DVD ist im Internet erhältlich auf **http://gutenbergshop.abc.de**